우뇌와 **사회정서** 발달을 위한

감성 지능을 키우는

몬테소리
음악놀이

KB102631

The Montessori Book of Music and Movement

Conceived and produced by Elwin Street Productions
Copyright © Elwin Street Limited 2022
10 Elwin Street,
London, E2 7BU
UK

우뇌와 **사회정서** 발달을 위한

감성 지능을 키우는
몬테소리
음악놀이

마자 피타믹 지음 · **이혜주** 옮김

ᵁᴵ 유아이북스

몬테소리에 대하여

마리아 몬테소리(Maria Montessori)는 1870년에 로마에서 태어났습니다. 이후에 로마 대학교에서 의학을 공부하였지요. 1907년에 슬럼가의 아이들을 위한 첫 번째 어린이집을 열었고, 바로 이곳에서 세계적으로 유명해진 몬테소리 교육법이 시작되었습니다. 몬테소리는 아이들의 자존감을 높이기 위해서는 아동 중심의 환경에서 이루어지는 학습이 중요하다고 믿었으며, 이 믿음은 아주 혁신적이었습니다. 오늘날, 몬테소리 학교뿐 아니라 모든 학교에서 아동 중심의 환경이 아이들의 발달에 미치는 역할을 인정하고 있지요.

마리아 몬테소리는 아이들을 관찰하면서 아이디어를 얻었으며, 본인이 어떤 교육법을 만들어 낸 것은 아니라고 합니다. 몬테소리의 교육 원리는 아이의 '필요'에 기초하고 있습니다. 스스로 서고, 질서를 유지하고, 존중을 받고, 학습에서 즐거움을 찾고, 무언가 발견하고 싶은 욕구 등에서 나오는 것이지요. 이러한 욕구들은 1909년 처음 관찰되었을 때와 마찬가지로, 아직까지도 아이들의 학습과 깊은 관련이 있답니다.

이 책을 읽기 전에…

　이 책에서 제공하는 음악적 경험을 통해 아이는 음악 자체를 즐기면서 성장하고 발달하게 됩니다. 이 책에서는 특히 유아의 발달 수준과 음악적 관심 및 욕구를 중요하게 고려했어요. 책에서 소개하는 활동들은 특별한 전문 지식을 요구하지 않으며, 준비물도 일상적인 가정용품이나 쉽게 구할 수 있는 물건들로 구성했습니다. 아이의 흥미를 자극하고 즐거움을 주도록 고안된 이 활동들은 아이와 부모 모두에게 유익할 거예요.

- 모든 활동은 성별과 관계없이 수행할 수 있기 때문에 '남자아이' 와 '여자아이'를 구분하지 않았습니다.

- 활동 장소가 집이든 공공장소든, 여러분과 아이 모두 안전하고 편안하게 활동을 수행할 수 있는지 점검해 주세요.

- 노래하기, 춤추기, 놀이하기를 위한 공간에서는 불필요한 물건을 치워주세요. 이 공간은 리허설 및 공연 장소로 사용될 수 있어요. 늘 깨끗하게 유지해서 아이가 원하면 언제든지 활용할 수 있게 해주세요.

- 필요한 준비물은 미리 준비해 주세요. 아이가 흥미를 잃기 전에 더 즐겁게 참여할 수 있답니다.

- 아이가 활동하면서 명확하게 보고 듣는지 확인해 주세요. 특히 악기나 소리 나는 물건을 연주할 때는 함께 들어주시면 더욱 즐 거운 활동이 될 거예요.

- 활동을 일관성 있게 진행하기 위해 아이를 여러분의 왼쪽에 앉 히고 여러분의 오른손을 사용해 주세요. 아이가 왼손잡이라면 오 른쪽에 앉히고 왼손을 사용해 주시기를 권합니다.

- 활동의 각 단계를 검토해 모든 것이 제대로 준비되어 있는지 확 인해 주세요. 미리 활동을 수행해보면서 다음 단계로 매끄럽게 진행될 수 있도록 연습하는 것도 아주 좋은 방법입니다.

- 활동의 목표를 확실하게 정해주세요.

- 활동의 순서가 논리적으로 맞지 않아 보이더라도 책에 소개된 순서대로 활동을 진행해 주세요.

◆ 아이와 눈을 맞춰 주세요. 특히 음악 게임이 포함된 활동을 할 때는 눈 맞춤이 있다면 더욱 신나는 시간이 될 거예요.

◆ 음악을 틀 때 볼륨이 아이에게 적합한지 확인해 주세요. 너무 크거나 작지 않게 해 주시고, 필요하다면 조절해 주세요.

◆ 노래, 리듬, 챈트 등의 흐름을 유지해 주세요. 너무 자주 멈췄다가 다시 시작하면 아이가 집중력과 흥미를 잃을 수 있답니다.

◆ 아이가 소리, 아이디어, 패턴 등을 반복하거나 모방해서 새로 만드는 데에는 시간이 더 필요할 수도 있어요. 아이가 원하는 만큼 여러 번 반복해서 연습하게 해주세요. 아이는 반복을 통해 배웁니다.

◆ 아이가 활동에 대해 어려움과 좌절감을 느끼거나 관심을 보이지 않는 경우 해당 활동은 진행하지 않는 게 좋습니다. 시간이 지나 아이가 그 활동을 할 준비가 됐다고 느껴지는 때가 올 거예요.

◆ 활동할 때는 긍정적이고 격려하는 자세로 아이를 대해 주세요. 활동을 수월하게 해내기까지 시간이 걸릴 수 있다는 사실을 아이가 현실적으로 인식할 수 있을 거예요.

◆ 여러분이 음악을 감상하는 좋은 자세를 본보기로 보이면 아이도 음악을 감상하는 좋은 자세를 가지게 된답니다.

◆ 아이가 악기, 음반, 각 활동의 준비물을 소중히 다루게 해주세요. 어느 하나라도 아이가 함부로 다루면 즉시 활동을 중단해야 합니다. 아이는 자기 행동이 부적절했다는 사실을 알게 될 거예요. 다른 날 활동을 다시 수행하기를 권합니다.

◆ 모든 활동은 여러분과 아이가 '함께'하는 것입니다. 아이도 활동 준비와 정리하기를 포함한 모든 단계에 참여할 수 있다는 걸 기억해 주세요.

일러두기 ─────────

* 원문의 내용을 최대한 살려 번역했지만, 문화나 지역 차이상 이해하기 어려운 부분이나 형식은 저작자의 의도를 해치지 않는 선에서 우리 실정에 맞추어 옮겼음을 밝힙니다.

* 본문에 나오는 음악 제목은 한글명이 있는 경우 한글로 표기했지만, 영어 제목이 더 대중에게 익숙한 경우는 영어 제목 그대로 표기했음을 밝힙니다.

음악 놀이의 효과

이 책은 만 3세에서 5세까지의 유아에게 다양한 음악적 활동을 소개합니다. 여러분은 음악 놀이의 진행자로서 아이의 세계로 들어가게 됩니다. 이 활동들은 발달 이론에 기반해 구성되었지만 전문 지식이나 장비 없이도 진행할 수 있습니다.

이 책의 활동들을 통해 여러분은 아이가 노래, 놀이, 움직임을 통해 음악을 청각과 촉각으로 느끼는 능력을 키우도록 도와주게 됩니다. 아이의 듣기 능력은 첫 활동을 시작하는 순간부터 강화되기 시작해, 여러 활동을 탐색해나가는 동안 계속해서 발달할 거예요.

활동을 진행하면서 아이는 집을 포함한 모든 곳에 존재하는 음악을 통해 인지 능력과 운동감각, 그리고 사회 정서적 능력을 키우게 된답니다.

인지 능력 면에서 아이는 음악의 모든 측면을 깊이 이해하게 될 거예요. 아이들은 소리를 내는 여러 가지 방법을 분류하면서 다양한 음색을 구분하는 법 또한 배우게 됩니다. 또한 라임과 짧은 가사를 만들어 보면서 어휘력을 늘릴 수 있어요.

운동감각 면에서는 규칙적인 비트가 있는 모든 활동과 움직임, 그리고 음의 높낮이나 빠르기에 반응해 몸짓을 할 수 있게 됩니다. 이건 아이가 듣는 소리를 몸으로 느끼고 표현하도록 영향을 준다는 증거랍니다.

함께 공연하고 탐색하는 활동, 두 명 이상이 모여 노래하고 놀이하거나 혹은 춤을 추는 활동, 음악을 들으며 그에 대해 부모와 대화하는 경험 등을 통해 아이의 사회 정서적 발달이 이루어집니다.

다양한 음악 교수법

오르프 교수법, 코다이 교수법, 달크로즈 교수법은 유아의 음악 탐색을 돕는 이론입니다. 각 교수법은 유아의 흥미와 욕구를 존중하며 음악을 즐기는 경험을 하게 함으로써 연주 능력, 감상 능력, 창작 능력을 발달시켜요. 이 이론들은 각각 20세기 초반 유럽의 작곡가, 연주자, 교육자인 독일의 칼 오르프, 헝가리의 졸탄 코다이, 스위스의 에밀 자크-달크로즈가 정립한 것입니다.

이 음악가들은 듣기, 관찰, 모방을 통한 학습의 중요성을 깨닫고,

아이에게 스스로 탐구하고 즉흥 연주를 할 기회를 주는 것을 적합한 학습 방법으로 제시했어요. 또한 이들은 리듬을 느끼고 여럿이 함께 연주하는 경험을 하며, 음악에 내재한 움직임을 깨닫는 것이 어린이에게 중요하다는 사실도 알고 있었답니다. 그렇지만 훗날 자신들의 이론에 신경 과학적 근거가 있음이 증명되고, 그 이론을 부모와 교사들이 받아들일 것이라고는 예상하지 못했을 거예요.

오르프 교수법에서는 어린 시절의 자연스러운 행동들을 가장 좋은 배움의 시작점으로 봅니다. 또한 가르치는 행위는 유아가 품은 환상과 놀이의 세계, 게임, 노래, 챈트의 세계와 긴밀히 연결되어 있어요. 오르프 교수법의 가장 중요한 특징은 아이가 음악, 움직임, 언어를 탐색하게 한다는 점이에요. (이 세 요소는 때때로 동시에 경험하게 되기도 한답니다.) 오르프 과정의 네 단계는 모방, 예비 탐색, 악보 읽기, 멜로디 및 리듬의 창의적 변주이며 각 단계가 시간이 흐름에 따라 자연스럽게 전개됩니다.

코다이 교수법에서는 노래하기와 주의 깊게 듣기를 중요하게 생각하며, 음악은 모든 어린이의 권리라고 주장합니다. 부모와 주변 어른들에게는 아이에게 내재한 음악을 이끌어내고 훌륭한 민속 및 예술 음악을 접할 기회를 제공할 책임이 있다고 해요.

모든 어린이는 노래하고 춤출 수 있으므로 이 활동들은 음악을 읽고 쓰는 법과 연주법을 정식으로 배우기 전의 어린 시절에 하는 편이 바람직합니다.

달크로즈 교수법은 '훌륭한 리듬'의 뜻을 가진 유리드믹스라는 독특한 움직임과 관련이 있습니다. 훌륭한 리듬감은 음악의 여러 특징을 집중해서 자세히 들을 때 얻을 수 있어요. 아이는 노래의 리듬, 멜로디의 오르내림, 곡의 느낌 등을 듣고 몸으로 표현합니다. 청각-신체-두뇌를 연계시키는 달크로즈 교수법에서는 먼저 듣고 이후 신체적 움직임을 통해 음악을 느낄 기회를 제공함으로써 아이의 음악적 이해와 기량이 더 깊어지게 한답니다.

이 책에서는 오르프, 코다이, 달크로즈 교수법의 좋은 점을 최대한 취해 여러분과 자녀가 함께 공유할 수 있는 음악적 경험에 적용했습니다.

자주 하는 질문

아이가 몇 살이 되어야 이 책의 활동을 할 수 있나요?

이 책의 활동들은 만 3세에서 5세 사이의 어린이들을 위해 만들어졌습니다. 대다수 활동은 해당 연령대의 유아에게 가장 효과적이랍니다. 이 연령대 내에서 더 큰 아이들이 잘 수행할 수 있는 활동도 있고, 더 어린아이들이 깊이 집중하는 활동도 있어요. 보통 3~5세 사이의 유아라면 활동을 즐길 수 있을 뿐 아니라 성취감도 느낄 수 있게끔 구성되었습니다.

어떤 순서로 활동을 수행해야 하나요?

각 장 내의 활동은 간단한 개념부터 복잡한 개념까지 순서대로 다루도록 구성되어 있어요. 모든 활동을 차례대로 할 필요는 없지만, 나이가 어린 아이는 간단한 개념에 먼저 익숙해져야 복잡한 개념을 더욱 수월하게 다룰 수 있을 거예요.

저는 노래를 못하는데 어떻게 하죠?

말할 수 있으면 노래할 수 있습니다. 노래하지 못하는 사람의 비율은 인류의 4퍼센트라고 합니다. 노래를 작게, 혹은 제한된 음역 내에서, 혹은 음이 좀 안 맞게 불러보세요. 다른 사람 앞에서 노래를 부를 자신이 없을 수도 있어요. 하지만 여러분은 노래할 수 있습니다. 아이는 여러분의 노래를 기쁘게 들을 거예요. 여러분이 먼저 노래해야 아이에게도 노래해보라고 권할 수 있답니다. 아이가 노래할 때는 긍정적인 자세로 듣고 반응해주세요.

저는 악기를 다루지 못하는데 어떻게 하죠?

이 책의 활동 대부분에서는 악기를 연주하지 않습니다. 악기보다는 '발견한 소리', 즉 주방, 침실, 앞마당, 자연 등에서 찾아낸 일상의 물건을 가지고 연주하죠. 진짜 악기를 닮은 장난감 악기를 만들어보는 활동도 있습니다. 소리는 진짜 악기와 다르지만요.

저는 춤을 추지 못하는데 어떻게 하죠?

춤을 추는 건 인간적인 일이에요! 모든 사람이 움직일 수 있어요. 손을 젓고 고개를 끄덕이고 어깨를 추켜올리고 엉덩이를 씰룩대고 한 발에 실린 체중을 다음 발로 옮기는 것은 모두 해부학적으로 가능한 일이니까요. 음악이 시작되면 음악에 맞춰 스텝을 밟고 손뼉 치고 이쪽저쪽으로 몸을 흔들어보세요. 그것이 우리가 추고 싶은 춤의 시작입니다. 아이가 음악에 맞추어 자연스럽게 움직이는 모습을 관찰하고, 그 춤에 참여해요. 관찰, 모방, 연습을 통해 화려한 춤동작을 선보이는 사람들도 분명 존재하지만, 여러분은 음악의 비트, 템포, 성격을 표현하며 여러분만의 간결한 방식으로 춤출 수 있습니다.

아이가 실수하면 어떻게 하죠?

책에 소개된 활동의 목적은 아이와 부모를 새로운 경험으로 초대하는 것입니다. 얼마나 잘 참여했는지 평가하거나 시 낭송이나 리듬 치기 중에 하는 실수에 연연할 필요가 없습니다. 각 활동은 여러분과 아이가 음악을 경험하고 탐구하고 실험해볼 수 있도록 돕기 위해 고안된 것이니까요.

음악 활동을 하기에 좋은 시간대는 언제인가요?

자장가나 기상 음악 등을 주제로 하는 몇몇 음악 활동은 정해진 시간대에 진행할 수밖에 없지만 이를 제외한 대다수 활동은 하루 중 언제 해도 무방하답니다. 단 어린아이들은 푹 자고 일어난 아침, 혹은 낮잠 시간 후에 좋은 집중력을 보이므로 최상의 학습 효과를 내기 위해 이들 시간대를 고려해보세요. 그러나 음악은 정말 언제 어디서나 할 수 있어요.

아이가 활동에 별 관심을 보이지 않으면 어떻게 하죠?

부모는 많은 것을 아이에게 보여주고 아이와 함께 경험하고 싶어 하지만, 모든 아이가 늘 준비된 것은 아닙니다. 아이가 활동에 관심이 없어 보이면 굳이 그 활동을 고집할 이유가 없어요. 다음 시간을 기약하면서, 아이가 흥미를 보이지 않은 이유가 무엇이었을지 생각해보세요. 시간대가 별로였든지, 별로 흥이 나지 않았든지, 혹은 설명이 복잡했을 수 있습니다.

차 례

1장
리듬과 라임

2장
음악의 소리

3장
음악 연주하기

4장
음악에 맞춰 움직이기

용어 사전 및
자료 모음

리듬과
라임

리듬과 라임은 아이가 주변의 세상을 이해하는 기본 구성 요소입니다. 리듬은 아이의 대근육 사용 능력 및 눈과 손의 협응 발달에 도움을 줍니다. 또한 아이가 리듬을 타거나 따라 할 때 듣기 능력도 발달합니다. 아이는 라임을 통해서 논리적으로 전개하기, 2행시구의 라임 맞추기, 이야기 구성하기 등의 한층 더 복잡한 언어 사용을 처음으로 접하게 됩니다. 또한 라임은 아이의 기억력 발달에 도움을 줍니다. 리듬과 라임은 자연스러운 한 쌍을 이루며 발달을 돕는 매우 유용한 도구입니다.

배 두드리기

우리의 배! 몸 한가운데 있는 이 중요한 신체 부위는 우리가 먹은 음식을 소화하는 중요한 역할을 합니다. 노래하는 사람이 훌륭한 노래 실력을 연마하려면 배의 근육이 중요하지요. 아기들은 배가 그저 재미있어요! 배를 내민 채 위풍당당하게 걸어 다니는 것은 이 연령대에서 흔한 행동이며, 학령기 전까지의 어린아이는 이런 행동을 매우 재미있고 즐겁게 생각한답니다.

준비물

☐ 숟가락 (금속 및 원목 소재)

활동 방법

① 배를 드럼이라고 생각하고 탐색해보는 것으로 시작해요! 여러분의 배를 손가락으로 두드리는 모습을 아이에게 보여주세요. 손가락, 혹은 손 전체를 사용해 배의 여러 부분을 두드리면서 소리가 어떻게 변하는지 들어보세요. 나무 숟가락을 쓰면 어떤

소리가 날까요?

② 아이가 따라 해보도록 하세요. 서로의 배를 두드려 보아도 좋아요. 어쩌면 배를 두드리기도 전에 웃음이 터질 수도 있어요!

③ 바로 전 식사 때 아이가 먹은 음식을 떠올려보고 목록을 만들어요. 음식 이름을 가지고 라임이 맞지 않는 짧은 시를 지어요. '햄버거, 완두콩, 바나나, 아이스크림'처럼요. 아이와 시를 반복해 낭송해보세요.

④ 아이가 시를 외워서 반복할 수 있게 되면 시를 낭송하면서 박자에 맞춰 배를 두드려 보세요. 처음에는 각자 손가락으로 박자를 맞춰요. 그런 다음 주방에서 다양한 크기의 금속 혹은 나무 숟가락을 찾아서 박자에 맞춰 두드리는 도구로 사용해요.

⑤ 아이의 음악적 기억력을 훈련하는 방법도 있답니다. 아이가 좋아하는 음식에 대한 짧은 시를 짓고 아이의 이름을 넣어서 아이만의 시로 만들어요. 여기서는 아이스크림에 대한 시를 썼지만, 사탕, 과일, 채소 등 어떤 주제도 괜찮아요.

⑥ 시를 읊으면서 아이스크림의 맛을 하나 말해보세요. '바닐라'처럼요. 시를 반복하면서 이번에는 처음에 말한 맛 앞에 새로운

맛을 추가해요. '초콜릿, 바닐라'처럼요. 아이에게 함께 하자고 해요. 패턴을 따라서 매번 아이스크림 맛을 늘려가요. '민트 초콜릿 칩, 초콜릿, 바닐라.' 아이가 헷갈리지 않고 몇 개까지 기억할 수 있을까요?

TIP

열정이 넘치는 아이의 경우 배를 너무 세게 두드릴 수 있어요. 아이에게 배는 살살 두드려야 하고, 특히 다른 사람의 배를 두드릴 때는 주의해야 한다고 알려주세요. 적당한 세기를 아이에게 시범으로 보여주는 것도 좋은 방법입니다.

더 나아가기

> 더 재미있게 시를 외우려면 작은 목소리로 시작해서 점점 큰 소리로 말하는 등 목소리 크기의 변화를 시도해보세요.

아이스크림 시
음악적 기억력을 훈련하기 위한 영어 시의 예입니다.

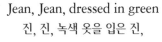
Jean, Jean, dressed in green
진, 진, 녹색 옷을 입은 진,

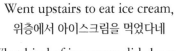
Went upstairs to eat ice cream,
위층에서 아이스크림을 먹었다네

What kind of ice cream did she eat?
무슨 맛을 먹었지?

째깍 시계

아이에게 시계의 일정한 째깍째깍 리듬을 알려주세요. 시계는 우리가 규칙적인 하루를 보낼 수 있는 틀을 제공해줍니다. 그래서 우리는 가야 할 곳의 시간에 맞춰 갈 수 있지요. 또한 시간은 음악의 핵심 개념으로 음악에서는 템포라고 불러요. 음악에는 템포가 빠른 곡도 있고, 느린 곡도 있고, 중간에 템포가 바뀌는 곡도 있어요. 어떤 곡은 빠르고 느린 템포의 변화 때문에 기억에 오래 남기도 한답니다.

준비물

□ 종이나 색인 카드

□ 크레용

□ 친구들이나 형제자매

활동 방법

① 시간을 주제로 한 라임을 만들어 노래하듯 말해요. "째깍, 째깍,

지금은 1시 정각"이라고 말하면서 손가락 하나를 보여주세요. 가사를 2시로 바꾸어 다시 부르고, 같은 방식으로 10시까지 반복해요.

② 색인 카드나 각각의 종이 낱장에 1부터 10까지 숫자를 쓰고 라임을 다시 반복하면서, 이번에는 해당하는 숫자 카드를 보여주세요.

③ 째깍 시의 템포를 바꿔요. 시를 매우 빠르게 낭송하다가 천천히 낭송해보아요. 빠른 템포와 느린 템포를 번갈아 사용해요.

종이에 시계 그림을 그리고 시를 낭송하면서 아이에게 그림 위를 두드리라고 해보세요. 두드릴 때마다 더 빠르게, 혹은 더 느리게 템포를 변화시켜요. 아이와 역할을 바꿔서 해보세요. 그러면 두 사람 모두 '템포 지휘자'가 될 수 있을 거예요.

④ 노래하기 게임을 해요! 친구들이나 형제자매와 함께 모여요. 늑대 역할을 맡은 어린이 한 명은 혼자 서 있고, 나머지는 늑대에게서 5미터 정도 떨어져 서 있어요.

다 함께 "늑대야, 지금 몇 시야?"하고 외치면, 늑대가 "1시야!"라고 대답해요. 다시 같은 질문을 하면 늑대가 "2시야!"라고 대답해요. 12시나 미리 정한 시간에 다다를 때까지 반복한 후, 늑대가 "12시야! 밥 먹을 시간이다!"라고 외쳐요. 늑대는 저녁거리로 최대한 많은 친구를 잡아야 해요.

아이가 숫자를 읽지 못해도 괜찮아요. 아이에게 카드를 보여주면서 숫자를 읽어주면 무의식중에 숫자를 익히는 데 도움이 돼요.

더 나아가기

집에서 여러 가지 시계와 손목시계를 찾아 아이의 귀에 대주세요. 째깍째깍 소리가 들리는지, 같은 소리인지, 다른 소리인지 물어봐 주세요.

3

두 손을 함께

손은 무거운 상자 옮기기부터 가려운 곳 긁기에 이르기까지 아주 많은 일을 수행해요. 또한 손으로 음악을 연주할 수도 있어요. 악기 연주자들은 손을 사용해 기타를 치고, 피아노 건반을 누르고, 드럼을 두드리지요. 우리는 손만 가지고도 놀라울 정도로 다양한 음악적 소리를 낼 수 있답니다.

활동 방법

① 손뼉으로 할 수 있는 여러 가지 실험을 아이에게 시범으로 보여주세요. 손가락을 붙인 채로 손뼉을 쳐보고, 손가락을 편 상태로도 손뼉을 쳐보아요. 오른손 손가락이 왼손 손바닥에 닿도록 손뼉을 쳐보고, 다음에는 왼손 손가락이 오른손 손바닥에 닿도록 손뼉을 쳐보아요.

② 손바닥만 사용해서 손뼉을 쳐보고, 손가락만 사용해서 손뼉을 쳐보아요. 속도를 늦춰서 두 손이 서로를 향해 천천히 움직이게 해요. 가능성은 다양하답니다.

③ 아무 음악도 없는 상태로 천천히 손뼉치기를 시작하고, 아이에게 함께 박자에 맞춰서 손뼉을 치도록 권해 보아요.

④ 점점 빠르게 손뼉을 쳐요. 아이와 동시에 손뼉치기를 얼마나 오래 할 수 있는지 보세요. 순서를 바꾸어 빠른 손뼉으로 시작해서 속도를 점점 늦춰 보는 것도 훨씬 어려울 거예요!

⑤ 좋아하는 노래를 하나 골라요. 음원을 틀어도 좋고, 여러분과 아이가 함께 노래 불러도 좋아요. 아이를 무릎에 앉히고 아이의 양쪽 손등에 여러분의 손을 올려요. 노래의 박자에 맞추어 손뼉을 치면서 아이가 따라 하도록 도와주세요. 한동안 연습을 한 후 아이가 준비된 것 같으면, 아이가 여러분의 도움 없이 박자에 맞추어 손뼉을 칠 수 있는지 확인해보세요.

TIP

아이가 박자에 맞춰 정확하게 손뼉을 치지 못하더라도 걱정하지 마세요. 정확한 타이밍에 박자를 맞춰 손뼉을 치는 능력은 유치원 후기 혹은 초등학교 초기까지 발달하지 않을 수 있답니다.

어린 시절 여러분이 즐기던 손뼉치기 놀이가 있다면 아이에게 가르쳐주세요. 만 5~6세 이하의 유아는 여러 가지 손뼉치기 놀이에 요구되는 신체 협응력을 익히기 어려워할 수 있지만, 여러분과 함께 손뼉을 치는 경험 자체를 즐거워할 거예요!

두드리기와 손뼉치기

몸을 두드려 리듬 표현하기는 음악에 참여할 많은 기회를 줍니다. 두드리기와 손뼉치기는 그 대표적인 예로서, 누구나 손으로 무릎을 치거나 혼자 혹은 그룹으로 손뼉을 쳐서 연주에 참여할 수 있어요. 이 활동은 모든 종류의 음악을 활용해 독자적으로, 혹은 그룹으로 수행할 수 있습니다.

활동 방법

① 아이와 가장 좋아하는 노래를 부르면서 박자에 맞춰 여러분의 무릎을 치는 것으로 시작해요. 아이에게 따라 해보라고 하세요. 노래를 다시 부르면서, 이번에는 박자에 맞춰 손뼉을 쳐요. 아이가 어느 쪽을 더 좋아할까요?

② 손뼉치기와 무릎치기를 조합해 짧은 패턴을 만들어요. 예를 들

면, 무릎을 한 번 치고 손뼉을 두 번 치는 것처럼요.

③ 아이에게 패턴을 따라 해보라고 하세요. 두어 번 연습하고 나서, 다른 패턴(예시: 무릎치기 2회, 손뼉치기 2회)을 가지고 같은 과정을 반복해요. 차츰 난이도를 높여서 무릎과 손뼉을 번갈아 치거나 대여섯 가지 동작을 조합해 패턴을 늘려보세요.

④ 2번의 쉬운 패턴 중 하나를 택해요. 예를 들어 무릎치기 2회, 손뼉치기 2회처럼요.

⑤ 아이와 함께 해당 패턴을 실수 없이 얼마나 오래 반복할 수 있는지 확인해보세요. 아이가 틀리지 않고 5회 연속으로 패턴을

수행해내면, 연습을 더 늘려요.(예시: 무릎치기 3회, 손뼉치기 4회) 아이가 도전할 수 있게요!

⑥ 또 무엇을 두드릴 수 있을까요? 이번에는 머리, 어깨, 바닥 등 두드릴 다른 것을 포함해 새로운 패턴을 만들어요. 두 가지를 두드리는 것으로 시작하고(예시: 머리를 두드리고 무릎을 치기) 이후 세 번째 대상을 추가해요.

TIP

여러 동작이 조합된 패턴을 연주하는 능력은 시간이 지남에 따라 발달하므로 아이가 이 기술을 즉각적으로 익히지 못하더라도 걱정하지 마세요. 여러분과 아이가 함께 즐겁게 지내는 것이 가장 중요합니다.

걸음 걷기

어린아이는 보통 걸음마를 하기 전에 기는 단계를 거칩니다. 심지어 균형을 잡고 잘 걸을 수 있게 되기 전에 달리기를 먼저 시도하기도 하죠. 대다수는 만 3세가 되면 안정적으로 걷는 법을 익혀요. 다음 몇 해 동안 아이에게는 자신만의 걷는 리듬이 생기고, 다양한 스타일로 걷기 위한 근육 협응력이 발달합니다. 아이는 폴짝폴짝 뛰고 점프하며, 곧 전속력으로 달리거나 발을 바꿔 뛸 수 있게 되어요. 이 활동은 아이가 처음에는 걸으면서 리듬을 느끼고, 다음에는 손에 든 블록과 컵을 사용해 걷는 리듬을 느낄 수 있게 해줍니다.

준비물

☐ 밑창이 단단한 신발 (여러분과 아이 모두)

☐ 나무 블록 4개

☐ 플라스틱 컵 4개

활동 방법

① 밑창이 단단한 신발을 신고 제자리에서 걷거나 방을 돌아다녀
요. 아이의 손을 잡고 함께 발맞추어 걷자고 권해요. "오른발,
왼발", "하나, 둘", "이거, 저거"처럼 두 단어로 구성된 구호를
이용해 박자를 맞춰요.

② 좋아하는 음반을 틀거나 라디오, 혹은 인터넷에서 음악을 찾아요. "오른발, 왼발", "하나, 둘", "이거, 저거"처럼 두 단어로 된 구호를 계속 말하면서 아이와 함께 음악에 맞춰 걸어요.

③ 바닥에 앉아요. 나무 블록 두 개를 한 손에 하나씩 쥐고 바닥 위에서 마치 걷는 것처럼 블록을 움직이는 모습을 아이에게 보여주세요. 아이도 자기 나무 블록으로 따라 하도록 해보세요.

④ "하나, 둘"을 외면서 나무 블록을 전후좌우로 움직여요. 아이가 이 연습을 따라 할 때, 블록이 바닥 표면에 닿을 때 나는 소리에 귀 기울여 보라고 말해주세요.

⑤ 바닥에 앉은 채로 이번에는 나무 블록을 플라스틱 컵으로 교체해서 "하나, 둘" 외면서 바닥 위를 걷게 해보세요. 블록과 컵이 다른 소리를 낸다는 것을 알려주세요.

⑥ 다시 일어나서 음악에 맞춰, 혹은 음악 없이 아이와 함께 바르게 걸어요. 이번에는 "하나, 둘, 셋, 넷"을 세면서 "하나"에 강하게 발걸음을 내딛어요.

⑦ 활동을 다양하게 하려면, "하나, 둘, 셋, 넷"을 세면서 음악에 맞춰, 혹은 음악 없이 절도 있게 걸을 때 '하나'와 '셋'에 강하게 발걸음을 내디디고, 다음에는 '둘'과 '넷'에 강하게 발걸음을 내딛어요.

오르내리기

멜로디를 만들어내는 것은 올라가고 내려가는 음의 움직임입니다. 여러 개의 작은 소리 집단이 한데 모여서 기억에 남는 곡조를 만들게 된답니다. 높고 낮음은 우리 일상에서도 찾을 수 있어요. 이 활동은 아이가 음률에 맞추려고 노력하지 않으면서 격식 없이 목소리의 높고 낮음을 탐색하도록 해줍니다. 단순히 선율의 윤곽선을 가지고 여러 가지로 실험하며 노는 것도 소리의 높낮이라는 음악의 필수 요소를 경험하는 한 가지 즐거운 방법이 될 수 있어요. 더 체계적인 멜로디 구성법은 제3장에서 소개합니다.

준비물

□ 부드러운 공
□ 종이와 연필

활동 방법

① 부드러운 공을 공중에 던진 후, 공이 바닥으로 떨어지는 모습을

아이와 함께 바라보아요. 공이 위아래로 움직일 수 있듯이 목소리도 그렇게 움직일 수 있다고 아이에게 말해주세요. 아이와 번갈아 가며 공을 공중에 던져요. 여러분의 목소리를 사이렌처럼 이용해 공이 그리는 포물선의 움직임을 따라 하는 모습을 아이에게 보여주세요. "아아**아**아아아아아."

② 아이의 손을 잡고 가상의 엘리베이터를 타요. 몸을 웅크리고 낮은 목소리로 "1층"이라고 말해요. 다른 층에서 엘리베이터를 타고, 층이 바뀔 때마다 몸을 높이거나 낮춰요. 층마다 멈추고 층수를 높거나 낮은 목소리로 말해요.

③ 아이에게 여러분의 움직임을 따라 하면서 여러분이 내는 목소리에 귀를 기울이라고 말해주세요. 여러 층을 지난 후, 동작을

지속하면서 이번에는 아이가 층수를 높은 목소리, 보통 크기의 목소리, 혹은 낮은 목소리로 외치도록 말해주세요.

④ 아이에게 여러분과 함께 가본 장소 중 좋았던 곳이 어디였는지 물어보세요. 종이 한쪽 끝에는 집을 그리고 다른 쪽 끝에는 아이가 좋아하는 장소를 그리세요. 두 장소를 구불구불한 선으로 연결해요. 손가락으로 선을 따라가면서 선의 높낮이를 목소리로 표현하는 시범을 여러분이 먼저 보이고, 아이와 번갈아 가면서 해보세요. "아아**아**아아아아아**아**아아아아."

TIP

아이의 목소리가 그림이나 움직임의 패턴을 정확하게 반영하지 못하더라도 걱정하지 마세요. 이건 매우 어려운 기술이랍니다!

더 나아가기

위아래로 움직이는 물체를 찾아 그 움직임의 패턴을 목소리로 표현해보세요. 예를 들어, 나무에서 떨어지는 나뭇잎이나 발로 찬 공이 공중으로 날아가는 모습을 표현해보세요.

길고 짧음

음악의 아름다움은 긴 소리와 짧은 소리가 움직이는 방식에서도 찾을 수 있습니다. 심지어 아주 간단한 멜로디 속에도 다음 소리보다 빠르거나 느리거나 길이가 같은 소리가 있지요. 또한 언어도 마찬가지입니다. 각 단어에는 단어가 어떻게 형성되었는지에 따라 길거나 짧은 소리가 들어 있어요. 아이가 긴 소리와 짧은 소리를 듣고 그에 반응해보게 하고, 막대기와 고무 밴드를 이용해 길거나 짧은 악구를 만들어보게 하세요.

준비물

☐ 좋아하는 음반

☐ 좋아하는 시

☐ 나무 막대 2개

☐ 고무 밴드

빗자루 타고 씽씽씽(Room on the Broom)

The witch had a cat
마녀는 고양이와

and a very tall hat,
아주 높은 모자,

And long ginger hair
그리고 길게 땋은

which she wore in a plait.
적갈색 머리를 가졌다네

How the cat purred
고양이가 얼마나 가르랑거리고

and how the witch grinned,
마녀가 얼마나 활짝 웃었던가

As they sat on their broomstick
함께 빗자루 위에 앉아

And flew through the wind.
바람을 가르고 날아갈 때

But how the witch wailed
하지만 마녀가 얼마나 구슬프게 울고

and how the cat spat,
고양이가 얼마나 으르렁거렸던가

When the wind blew so wildly
바람이 거칠게 불어

it blew off the hat.
모자를 날려버렸을 때

활동 방법

① 좋아하는 음반을 틀고, 아이와 마주 보면서 손과 팔을 이용해
   소리의 길이를 표현해요. 짧은 소리는 손가락과 손목을 재빠르
   게 움직여 나타내요. 긴 소리는 팔을 길게 뻗고 넓게 물결치듯
   움직여 표현해요. 아이에게 따라 해보라고 하세요.

② 음악을 끄고, 다른 소리를 길고 짧게 내봅니다. 여러분이 먼저
   소리를 내고 아이에게 따라 해보라고 하세요. 한 음을 호흡이
   허락하는 최대한 길게 허밍으로 내보세요. "흐으으으으음음음"
   한 음을 짧게 허밍으로 소리 내세요. 각 소리 사이에는 재빨리

숨을 쉬어요. "흠, 흠, 흠, 흠."

③ 좋아하는 시를 낭송해요. 우리는 줄리아 도널드슨의 〈빗자루 타고 씽씽씽〉을 골랐지만, 다른 시도 괜찮아요. 천천히 시를 읽으면서 어떤 단어와 음절이 순식간에 지나가듯이 느껴지는지, 혹은 천천히 지나가는지 눈여겨보세요. 여기서 고른 시를 예로 들면, 'cat(고양이)'과 'spat(으르렁거렸던가)'을 'wailed(구슬프게 울고)'와 'grinned(활짝 웃었던가)'와 비교해보세요.

④ 나무 막대 두 개를 들고 시를 낭송하면서, 짧은 소리의 단어가 나올 때마다 막대를 서로 맞부딪히거나 책상을 살짝 쳐보세요. 시구를 여러 번 읽고 막대를 치면서, 막대가 부딪히는 소리가 얼마나 짧은지에 주목하세요.

⑤ 이제 아이가 긴 소리를 가지고 실험해보도록 하세요. 시에서 길거나 느린 단어가 나올 때 그에 맞춰 고무 밴드를 잡아 늘이는 법을 아이에게 보여주세요. 아이가 고무 밴드를 잡아 늘이는 동안 여러분은 짧은 소리가 날 때마다 막대 치기를 해도 좋습니다.

셈여림

소리의 볼륨은 엄청난 효과를 낼 수 있어요. 큰 소리는 우리를 흥분시키거나 놀라게 하거나 겁을 주지요. 작은 소리는 그 맥락에 따라 마음을 진정시키는 느낌이 들기도 하고 으스스한 느낌을 주기도 합니다. 아이가 더 작고 조용한 자연의 소리에 귀 기울이도록 도와주세요. 바쁜 하루를 지내다 보면 작은 소리는 잘 듣지 못할 테니까요.

활동 방법

① 아이와 함께 야외로 나가세요. 공원, 숲, 해변, 시골 등 어디든 좋아요.

② 산책하다가 멈춰서 1분간 침묵해요. 아이에게 어떤 소리가 들리는지 잘 들어보라고 말해주세요. 들은 소리의 목록을 만들고 아이가 소리를 큰 소리와 작은 소리로 분류하도록 도와주세요. 같은 과정을 반복해요. 이번에는 작은 소리 목록에 넣을 소리를 더 찾으려고 노력해보세요. 작은 소리는 듣기가 더 어려워요.

③ 아이에게 제일 마음에 드는 자연의 소리가 무엇인지 물어보세요. 새나 동물의 소리인가요, 나무를 스치는 바람 소리인가요, 아니면 바닷소리인가요? 계절과 장소에 따라 나뭇잎을 바스락거리게 하거나 물웅덩이로 점프하는 등, 아이가 새로운 소리를 낼 수 있는 여러 놀이를 해보세요. 아이에게 최대한 크게 소리를 내어보라고 하거나, 최대한 작게 내보라고 말해주세요.

비트는 계속된다

대부분의 음악에서 필수적인 요소인 비트(박자)는 규칙적으로 반복되는 리듬의 맥박을 뜻해요. 비트는 강하든 약하든 음악에서 끊임없이 지속되는 특징이 있지요. 다중감각적 면에서 보면, 음악의 비트는 들리기도 하지만 느껴지기도 해요. 비트는 다양한 리듬, 멜로디, 텍스처의 기초가 되는 고정적인 강세로 음악을 통제해요. 곡 안에서 어떤 요소가 두드러지든 비트는 지속된답니다.

준비물

☐ 숟가락이나 젓가락

☐ 플라스틱 밥그릇

활동 방법

① 아이와 마주 보고 앉아서 팔을 뻗어 손을 맞잡아요. 앞뒤로, 좌우로 몸을 흔들기 시작해요. 음악은 필요하지 않아요. 여러분과 아이가 함께 하는 동작 속에서 비트가 정해지니까요.

② 비트에 맞춰 몸을 흔들면서 입으로 소리를 내보아요. 숫자를 "1, 2, 3, 4" 세면서 스페인어로 "우노, 도스, 트레스, 콰트로"나 알파벳으로 "a, b, c, d"도 외어보아요. 비트에 맞춰 라임이 되는 단어를 여러 가지로 조합해서 아이와 번갈아 단어를 말해봅니다. "cat, hat, mat, pat, chat, sat, bat.(고양이, 모자, 매트, 두드리기, 수다 떨기, 앉았다, 박쥐)"

③ 몸 흔들기를 점차 멈추면서 머리와 어깨, 배와 발가락을 토닥이거나 톡톡 두드리기 시작해요. 입으로 단어를 말하면서 하세요. 규칙적인 박자로 몸을 두드리세요.

④ 숟가락 두 개, 혹은 젓가락과 플라스틱 밥그릇처럼 두드릴 수 있는 도구를 찾으세요. 입으로 소리를 내면서 아이의 손을 감싸 쥐고 손의 움직임을 느끼면서 함께 연주해요. 강박과 약박에 그릇 표면을 두드려요.

더 나아가기

좋아하는 노래를 모은 플레이리스트의 박자에 맞춰 몸을 흔들어요. 다양한 스타일의 약 30초짜리 곡들을 모아 미리 플레이리스트를 만들어요. 기악곡이든 성악곡이든, 동요든 베토벤에서 비욘세에 이르기까지 어른들을 위한 곡이든, 빠른 템포든 느린 템포든 다 괜찮아요.
워크시트 3(226쪽)을 보고 리듬을 탐색해보세요.

TIP

나이가 어린 아이의 경우 아이가 여러분에게 등을 돌린 상태가 되도록 무릎에 앉힌 후 팔로 아이를 안고 여러분의 몸을 앞뒤로 흔들면서 아이를 어르세요. 입으로 소리를 낼 때는 아이를 돌려 마주 보게 하세요.

땡! 철컹!

익숙한 물건에서 나는 소리 중에는 땡그랑 소리와 쨍그랑 소리
가 있어요. 유리나 도자기가 울리는 소리('땡')와 단단한 무언가에
금속이 부딪히는 소리('철컹')죠. 어린이들은 이와 같은 청각 요소
가 있는 주변 환경과 그런 소리를 만들어내는 물건에 익숙합니다.
또한 이 음색을 염두에 두고 리듬을 모방하거나 창조할 수 있는 능
력이 있답니다.

준비물

□ 숟가락 (금속 및 원목 소재)
□ 도기 재질의 머그잔 혹은 밥그릇
□ 금속제 컵이나 냄비
□ 열쇠

활동 방법

① 도기 재질의 물건에 부딪히는 나무 숟가락, 혹은 금속제 물건에 부딪히는 금속 숟가락의 리드미컬한 소리를 탐색해요. 아이가 나무로 도자기를, 금속으로 금속을 자유롭게 두드려 소리 내보게 하세요.

② 물건을 가지고 놀면서 생기는 짤랑대고 울리는 소리 중 '땡' 소리를 구분하도록 아이를 도와주세요. 열쇠 뭉치를 흔들어 '땡' 소리에 '짤랑' 소리를 추가해요.

③ 물건을 가지고 놀면서 생기는 부딪히고 충돌하는 소리 중 '철컹' 소리를 구분하도록 아이를 도와주세요.

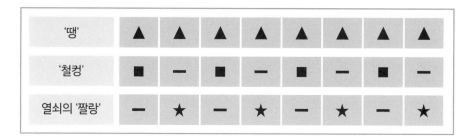

④ 여러분과 아이가 '땡', '철컹', 열쇠의 '짤랑' 소리를 가지고 8비트의 곡을 연주할 수 있는지 확인해보세요. 위의 표처럼 모든 박자에 '땡' 소리내기, 두 박자마다 '철컹' 소리내기, 엇박자로 열쇠 '짤랑' 대기를 시도해보세요.

⑤ 완벽해질 때까지 8비트 형식을 반복해보세요. 크게 연주해보고, 작게도 연주해보세요.

TIP ---

'땡' 소리와 '철컹' 소리가 비슷하다는 사실에 주목하세요. '땡' 소리는 보통 더 작고 높지만, '철컹' 소리는 더 시끄럽고 낮아요.

음절 소리

우리 언어는 자음('ㅍ', 'ㅋ', 'ㅌ' 등)과 모음 ('ㅏ', 'ㅔ', 'ㅗ' 등)을 사용한 음절로 이루 어져 있어요. 자음은 그 자체로 타악 기 같은 소리가 될 수 있어요. 작게 터져 나오는 소리를 내면 되어요. 모 음은 말의 핵심적인 부분을 담당합 니다. 길게 지속되는 악구에는 모음이 잘 어울려요. 이러한 악구가 포함한 노래 와 말을 탐색해보는 것은 언어 발달의 초기 단계에 있는 유아에게 유익한 활동입니다.

준비물

☐ 스카프

☐ 거울

활동 방법

① 아이와 함께 거울 앞에 서요. 자음 하나를 골라서 그 소리가 어떻게 만들어지는지 관찰해요. 입술과 혀가 어떻게 움직이나요? 예를 들어 'ㅌ' 소리를 낼 때는 소리를 내기 위해 혀가 입천장에 닿는 것을 볼 수 있을 거예요.

② 아이와 함께 좋아하는 자음들을 골라서 차례를 정해요. 반복해서 자음을 말해보아요. 'ㅋ, ㅌ, ㅍ' 'ㅋ, ㅌ, ㅍ' 'ㅋ, ㅌ, ㅍ' 좀 더 어렵게 하고 싶다면 패턴 속 자음을 각각 두 번씩 반복해요.

③ 깊이 숨을 들이쉬고 여러 모음을 아무 음높이에서 오랫동안 노래해보세요. 손을 목에 살짝 갖다 대고 진동을 느껴보세요. 노래하면서 아이가 여러분 목소리의 진동을 느껴보게 할 수도 있고, 여러분이 노래하면서 본인의 진동을 느낄 수도 있어요.

④ 장모음과 단모음을 노래하면서 소리가 나는 동안 스카프를 공중에서 물결치게 해요. 아이와 함께 노래를 시작할 때 스카프를 높이 올렸다가 노래를 멈출 때는 내려 보아요.

⑤ 아이와 다시 거울 앞에 서서 모음을 소리 낼 때 입이 어떻게 움직이고 어떤 모양을 취하는지 관찰해주세요. 입술, 턱, 혀, 이의 모습도 함께 관찰하면 좋을거예요.

소리의 비교

아이는 놀이하듯 실험하면서 소리가 크거나 작을 수도, 높거나 낮을 수도, 빠르거나 느릴 수도 있다는 것을 배웁니다. 또한 아이에게는 여러 소리를 비교하고 같은 소리를 찾기 위해 주의 깊게 들을 수 있는 능력이 있어요. 다만 이 과업은 보기보다 복잡합니다. 한 소리를 듣고, 그 소리를 기억하며, 두 번째 소리와 대조하려면 집중력이 필요하지요. 이 활동은 아이에게 즐거운 직접 경험을 제공하면서 주의 깊게 듣고 소리를 비교하여 논리적으로 생각하도록 유도합니다.

준비물

☐ 모양이 똑같은 플라스틱 컵이나 요거트 통 12개

☐ 말린 콩, 쌀, 렌틸콩

☐ 마스킹 테이프나 덕트 테이프

☐ 풀

활동 방법

① 똑같이 생긴 셰이커를 여섯 개 만들어요.(129쪽 참고) 두 개는 콩, 두 개는 쌀, 두 개는 렌틸콩으로 절반씩 채워요. 색을 칠하거나 구분 표시를 하지 않은 채로 둡니다. 같은 종류의 셰이커를 반씩 나누어 아이의 양편에 각각 세 가지 셰이커를 둡니다.

② 아이와 마주 보는 상태에서, 아이의 왼쪽에 있는 셰이커 하나를 골라 여러분의 귀 가까이에 가져가서 흔들어 소리를 들어보세요.

③ 이제 아이의 오른쪽에 있는 셰이커 하나를 골라 같은 쪽 귀 가까이에 대고 흔들어 소리를 들어보세요.

④ 첫 번째 셰이커로 돌아와서 두 번째 셰이커와 소리가 같은지 확인해보세요. 같은 소리를 찾을 때까지 오른쪽의 셰이커를 하나씩 시험해보세요. 같은 소리를 찾은 경우, 두 셰이커를 여러

분 앞에 짝을 맞춰 놓아요. 모든 셰이커의 짝을 맞출 때까지 계속해요.

⑤ 아이도 같은 방식으로 소리를 비교하고 짝을 맞춰볼 수 있도록 셰이커를 정렬해주세요. 활동이 끝나면, 아이가 잘 맞췄는지 셰이커를 열어 확인할 수도 있어요.

더 나아가기

아이가 최대 6개의 소리 쌍까지 맞춰볼 수 있도록 셰이커의 수를 늘리세요. 설탕, 커피, 시리얼 등을 셰이커에 넣어 새로운 소리를 낼 수 있어요.

챈트를 말하고 놀아요

말의 리듬은 음악을 만드는 데 핵심적입니다. 세계 어디서나 음절은 리듬과 관련성이 있으며, 말할 때의 리듬은 악기 연주법에 반영되기도 합니다. 어린이는 단어나 ('파, 라, 라'처럼) 의미 없는 음절을 가지고 리듬을 표현하는 것을 좋아해요. 단어 챈트와 음절 챈트를 리듬감 있게 말하며 놀지요.

준비물

☐ 막대기

활동 방법

① '문'이나 '공'처럼 한 음절로 된 단어를 선택해요. 한 박자에 한 단어씩 일정한 리듬으로 말해보세요. "문-문-문-문"이나 "공-공-공-공" 이렇게요. 아이에게 함께 하자고 말해주세요.

② 한 음절의 단어를 반복하면서 책상이나 마룻바닥을 두드려요. 막대기 두 개, 나무나 금속 숟가락, 연필, 펜 등으로 박자를 치

면서 단어를 말해보세요. 아이가 박자에 맞춰 책상을 두드리게
하세요.

③ 이제 '사과'나 '창문'처럼 두 음절로 된 단어를 하나 골라요. '문'
이나 '공'보다 두 배 빠른 속도의 일정한 리듬으로 단어를 말해
보세요. 다시 말해, 한 음절 단어를 말할 때와 같은 시간 동안
한 박자에 두 음절을 "사과-사과-창문-창문" 처럼 발음합니다.
아이와 함께해보세요.

④ 2단계에서 했던 것처럼, 아이가 책상이나 마룻바닥을 두드리는
박자에 맞춰 두 음절 단어를 말해주세요. 여러분은 각 음절에
막대기나 다른 물체를 쳐주세요.

⑤ 여러 단어를 조합해 말하면서 놀이해요. "문-문-사과-문" 혹은 "공-창문-창문-공" 처럼요. 여러분은 막대기 2개를, 아이는 1개를 들고 박자에 맞춰 책상을 두드려요. 여러분은 두 음절 단어를, 아이는 한 음절 단어를 가지고 해보세요.

⑥ 아이가 리듬을 다 익혔으면, 여러분이 리듬을 반복하는 동안 아이는 단어를 소리 내지 않고 입 모양으로만 말하게 하세요.

더 나아가기

> 건, 봄, 민준, 율, 서연, 린, 찬우, 지훈 등과 같이 사람 이름을 가지고 리듬을 만들어보세요.
>
> 프랑스어의 빵(pain: 빵), 레(lait: 우유), 바난느(banane: 바나나), 시트롱(citron: 레몬)과 같은 다른 언어의 한 음절 및 두 음절 단어도 활용해보세요.
>
> 막대기를 나무, 금속, 고무, 플라스틱 등 다른 소재의 물건으로 대체해 다양한 음색을 내보세요.

라-타-닷-닷

드럼은 종류와 크기가 다양해요. 프레임이나 조개껍데기에 가죽을 씌운 드럼도 있고, 플라스틱이나 고무 소재의 통나무 드럼처럼 두드리는 부분이 가죽이 아닌 나무판으로 된 드럼도 있죠. 드럼은 손이나 드럼 스틱으로 연주할 수 있어요. 평원 인디언들이 공동체로 모여 큰 베이스 드럼을 연주하는 예에서 보듯이, 여러 연주자가 여러 개의 드럼 스틱을 돌아가면서 사용할 수도 있답니다. 드럼은 세계에서 가장 보편적이고 오래된 악기로서, 어린이들에게 특별한 관심을 불러일으킵니다.

준비물

☐ 장난감 드럼이나 봉고
(혹은 플라스틱 양동이를 엎어놓고 사용할 수도 있어요.)
☐ 짧은 나무 막대나 나무 숟가락

더 나아가기

음원을 틀어 놓고 템포의 변화와 리듬 패턴에 맞춰 연주해
보세요.
나무 막대나 숟가락 대신 손으로 드럼을 연주해보세요.
워크시트 3(226쪽)의 리듬을 탐색해보세요.

활동 방법

① 플라스틱 양동이를 사용하는 경우, 양동이 바닥이 위를 향하도
록 뒤집어 주세요.

② 드럼 앞의 의자에 앉아서 아이에게 소리를 어떻게 내는지 시범
을 보여주세요. 나무 막대나 숟가락 두 개로 강하게, 다음엔 여
리게, 그리고 짧게, 다음엔 길게 소리를 내보세요. 처음에는 드
럼의 가장자리를 쳐보고, 다음으로는 한가운데에서 나는 '좋은
소리'를 찾아보아요.

③ 돌아가면서 앞사람을 따라 드럼을 쳐보아요. 여러분이 한 소절
을 연주하면 아이가 따라 연주하고, 다음엔 아이가 연주한 소절
을 여러분이 따라 해요. 아이가 기억하기 어려울 정도로 소절이
길어지지 않도록 8비트 내로 리듬을 연주해요.

④ 좀 더 큰 아이의 경우, 한 명이 드럼으로 일정하게 박자을 치는
동안 다른 한 명은 8비트에 맞춰 리듬 패턴을 즉흥으로 연주할
수 있어요.

드르륵, 탕, 퍽

여린 소리는 플라스틱으로 된 물건이나 나무와 플라스틱이 부딪칠 때 쉽게 들을 수 있어요. 골이 파인 플라스틱병의 표면을 긁을 때는 낮은 '드르륵' 소리가, 플라스틱 뚜껑이나 컵, 접시를 칠 때는 짧은 '탕' 소리나 '퍽' 소리가 나지요.

준비물

☐ 플라스틱 소재의 컵이나 접시, 또는 뚜껑
☐ 플라스틱병
☐ 플라스틱 포크 및 숟가락
☐ 짧은 나무 막대나 사탕 막대

활동 방법

① 아이가 플라스틱 소재의 다양한 물건을 툭툭 치거나 두드리거나 긁어서 여러 리듬을 연주해보게 하세요. 거꾸로 뒤집어 놓은 플라스틱 컵이나 접시, 혹은 뚜껑을 짧게 툭 쳤을 때 나는 '퍽'

소리나 '딩' 소리, 혹은 골이 파인 표면이 긁힐 때 나는 '드르륵' 소리를 주의 깊게 들어보라고 말해주세요.

② 아이에게 플라스틱 포크나 숟가락, 짧은 나무 막대, 사탕 막대 등으로 골이 파인 플라스틱병을 두드려 일정하게 8비트를 연주하는 법을 보여주세요.

③ 8비트를 익히기 위해 플라스틱 컵을 거꾸로 들고 테이블이나 바닥을 여덟 번 치는 법을 보여주세요.

④ 플라스틱 접시나 뚜껑을 플라스틱 포크나 짧은 나무 막대, 혹은 사탕 막대로 두드려 8비트를 연주해보세요. 아이한테 따라 하라고 말해주세요.

⑤ 아이와 함께, 플라스틱 물체의 '드르륵', '탕', '퍽' 소리를 이용해 위의 표처럼 4번 반복되는 8비트를 연주할 수 있는지 확인해보세요.

병	◆	—	◆	◆	◆	—	◆	—
컵	/	/	/	/	/	/	/	/
접시/뚜껑	—	●	●	●	—	●	●	●

다양한 스타일의 음원을 골라 비트의 리듬에 맞춰 플라스틱 물체를 두드려 보세요.

아이가 음원을 들으며 오스티나토 리듬을 연주할 수 있는지 보세요. 여기서 오스티나토 리듬은 두 비트에 한 번, 혹은 한 비트에 두 번 두드리는 것을 말해요.

리듬 속 라임

어린이들은 라임을 좋아해요. 비슷한 소리로 끝나는 어구를 라임이라고 하지요. '곰 세 마리가 한 집에 있어 아빠곰 엄마곰 애기곰' 과 같은 짧은 문장은 리듬감이 느껴지도록 라임이 맞춰져 있습니다. 시는 이처럼 리듬감 있게 발화되는 라임으로 가득하지요. 2행 시구와 짧은 시의 라임을 맞추는 재미와는 별도로, 리듬감 있는 라임과 기억력 사이에는 강력한 연관성이 있습니다. 그래서 리듬감 있는 라임은 개념을 외우기 위한 도구로도 자주 사용된답니다.

준비물

□ 크고 두꺼운 종이

□ 크레용

□ 시 (시집 등)

활동 방법

① 단어를 하나 골라 라임을 맞춰요. 첫 글자의 알파벳을 바꿔가며

말이 되는 단어와 말이 전혀 되지 않는 단어를 찾아보아요. 일정한 박자를 유지하며 아이에게 단어를 소리 내 읽어주세요. 다음은 'blue(파란)'와 라임이 되는 단어의 예입니다. Boo!(야유하는 소리), coo(비둘기가 구구 우는 소리), clue(단서), crew(승무원), do(하다), dew(이슬), goo(찐득거리는 것), glue(풀), who(누구), loo(화장실), moo!(음매), new(새로운), ooh!(우!), rue(후회한다), sue(고소하다), too(또한), true(참된), you(너), whoo!(기분 좋을 때 내는 소리), zoo(동물원).

'top(위)'과 라임이 되는 단어는 다음과 같아요. bop(좋은 노래), cop(경찰), drop(떨어진다), hop(폴짝 뛴다), mop(대걸레), pop(팝음악), stop(멈춤).

② 종이에 크레용으로 알파벳 표를 그려 아이가 라임을 맞추기 위한 자음을 찾기 쉽게 도와주세요. 아니면 한 글자씩 알파벳 카드를 만들어 꾸며주세요.

③ 라임이 맞는 짧은 2행 시구를 만들어 아이가 여러분을 따라 하게 해주세요. 각자 말할 때 무릎이나 다른 물체를 박자에 맞춰 두드려요.

④ 닥터 수스의 책《The Cat in the Hat》,《Green Eggs and Ham》,《How the Grinch Stole Christmas》과 셸 실버스타인의 책《골목길이 끝나는 곳》,《다락방의 불빛》,《아낌없이 주는 나무》를 찾아요. 아이에게 책을 읽어주되, 라임이 되는 단어를 청각적으로 느낄 수 있도록 리듬감 있게 읽어요. 리듬에 맞춰 박자를 쳐요.

⑤ 2번에서 만든 알파벳 표나 알파벳 카드를 참고하면서 라임이 되는 단어 쌍을 몇 개 골라 리듬감 있게 말해보세요. 그리고, 그 단어들을 이용해 짧은 문장 2개를 만들어 라임이 맞는 2행시를 지어요. 예를 들어, 'mine(내 것)'과 'sign(신호)'을 이용해 다음과 같은 2행시를 지을 수 있어요. 'Please be mine. Give me a sign.(내 것이 되어 주세요. 내게 신호를 주세요.)'

⑥ 이렇게 새로 만든 라임을 아이와 함께 리듬에 맞춰 반복하고, 둘이 함께 시의 리듬에 따라 박자를 쳐 보아요.

더 나아가기

아이에게 라임의 리듬을 몸으로 보여줄 수 있는 다른 방법을 찾아보세요. 박자를 치는 것에서 더 나아가 리듬감 있는 라임에 맞춰 걷거나 라임에 맞춰 몸을 흔들어 볼 수 있어요. 워크시트 3(226쪽)을 이용해 라임을 더 탐구해보세요.

2장

음악의
소리

아이들 대부분이 음악에 매력을 느낍니다. 가장 간단한 리듬에서부터 복잡한 멜로디에 이르기까지, 아기들조차도 음악 소리에 긍정적으로 반응하죠. 아이가 소리로 실험하고 호기심을 마음껏 채우게 해주면 창의성 발달에 큰 도움이 됩니다. 이번 장의 활동은 자연 속의 음악적 소리를 인식하는 것부터 음악이 감정에 어떻게 영향을 미치는지를 이해하는 데 이르기까지, 아이가 음악과 관계를 맺는 여러 방법을 탐색하게 해줍니다. 자신만의 노래를 만들어보는 경험을 통해 아이는 리듬, 라임, 멜로디에 대한 이해를 확장할 수 있을 거예요.

뻐꾸기의 노래

새들은 자연의 음악가예요. 역사를 통틀어 전 세계 어디서나, 사람들은 새들이 서로를 부르거나 신호를 보내거나 노래하는 소리를 리듬감 있는 선율로 받아들였습니다. 또한 새소리는 모차르트, 차이콥스키, 비발디, 메시앙과 같은 음악가들의 상상력을 자극하기도 했죠. 세계 어디서나 볼 수 있는 뻐꾸기가 내는 소리는 가장 잘 알려진 새소리 중 하나로, 호루라기나 플루트 소리와 비슷해요. 구분하기 쉬운 뻐꾸기 소리에 집중하고, 또 근처의 다른 새소리를 구별해봄으로써 아이의 듣기 능력을 시험해 볼 수 있습니다.

준비물

□ 다양한 음반
□ 뻐꾸기시계
□ 호루라기, 슬라이드 휘슬, 리코더

뻐꾸기를 포함한 여러 새소리, 그리고 서양음악 작곡가들의
작품을 참고해서 아이가 가장 좋아하는 새에게 마음을 표현
하는 곡을 함께 만들어요. 그런 다음 호루라기, 슬라이드 휘
슬, 리코더로 연주해보세요.

활동 방법

① 새소리를 음악적으로 표현한 클래식 음악을 아이와 함께 들어
보아요. 생상스의 〈동물의 사육제〉 중 '수탉과 암탉', 윌리엄스
의 〈종달새의 비상〉, 비발디의 〈사계〉 중 '봄', 메시앙의 〈유럽
울새 Le Rouge-gorge〉', 모차르트의 오페라 〈마술피리〉 중 파파게
노와 파파게나의 아리아, 스트라빈스키의 〈불새 모음곡〉 중 '불

세의 춤' 등이 있습니다.

② 뻐꾸기 소리는 시대와 장소를 불문하고 많은 사람에게 사랑받았습니다. 스위스 뻐꾸기시계에서도, 잉글랜드와 오래된 영미권 사회에 전해 내려오는 민요에서도 뻐꾹 소리를 들을 수 있죠. 뻐꾸기 소리는 높은 음정에서 시작해서 낮은 음정으로 내려갑니다. 뻐꾸기시계에서 15분마다 들리는 뻐꾹 소리, 그리고 뻐꾸기에 관한 곡에 나오는 뻐꾹 소리에 귀 기울여 보세요.

③ 뻐꾸기시계의 뻐꾹 소리와 뻐꾸기에 관한 곡에 나오는 뻐꾹 소리를 따라 해보세요. 아이에게 여러분을 따라 하라고 말해주세요. 높은 소리에 뒤이어 낮은 소리가 난다는 점을 알려주고, 뻐꾹 소리를 표현할 악기를 같이 찾아보아요.

④ 동네에서 여러 새소리를 듣고 찾아보아요. 또한 인터넷에서도 찌르레기, 개똥지빠귀, 박새, 유럽울새, 큰어치, 홍관조 등의 새소리를 찾아보세요. 아이에게 들었던 새소리를 흉내 내보라고 해요.

⑤ 호루라기, 슬라이드 휘슬, 리코더를 가지고 새소리를 흉내 내보세요.

자장자장 자장가

자장가는 아이에게나 어른에게나 의미가 있어요. 자장가의 부드럽게 물결치는 듯한 멜로디는 바쁜 하루의 끝에 활발한 마음을 가라앉히거나 오후에 잠깐 낮잠을 잘 때 효과적이죠. 마음을 진정시키는 멜로디, 차분한 리듬, 익숙한 목소리는 안전함, 안정감, 상냥하고 애정 어린 보살핌으로 기억되는 시간을 만들어줍니다.

준비물

☐ 흔들의자 (선택 사항)
☐ 봉제 인형이나 동물 인형

활동 방법

① 이 책에 소개된 자장가나 가족들이 좋아하는 자장가를 하나 고르세요.

② 흔들의자가 있다면 아이와 함께 의자에 앉아요. 차분하고 일정한 리듬으로 의자를 앞뒤로 흔들면서 자장가를 불러요.

③ 아이가 아직 어린 아기였을 때 여러분이 안아준 것처럼, 아이도 곰인형이나 강아지, 혹은 고양이 인형 등 가장 좋아하는 봉제인형을 품에 안아보도록 하세요.

④ 아기를 어를 때 팔을 양옆으로 어떻게 흔드는지 아이에게 보여주면서 함께 자장가를 불러요.

이야기를 위한 소리

이야기를 들려주면 아이의 언어 능력, 어휘력, 단어 및 새로운 표현의 기본 구사력이 발달하는 데 큰 도움이 됩니다. 또한 이야기 읽어주기는 이야기를 작은 음악 공연으로 탈바꿈시킬 기회입니다. 이야기가 음악과 음악가에 대한 것이든 아니든, 이야기 곳곳에 목소리와 악기 및 소리를 내는 물건들의 소리를 끼워 넣을 수 있죠. 이야기를 읽을 때마다 캐릭터와 그 역할을 추가할 수 있는 것처럼, 새로운 소리 또한 추가할 수 있어요.

준비물

□ 이야기책

□ 악기와 소리를 내는 물건들

활동 방법

① 아이가 이야기 속 사건을 표현하는 소리를 상상할 수 있는 책을 한 권 골라요.

② 감정과 표현을 살려 아이에게 이야기를 읽어주세요. 목소리의 높낮이로 흥분, 긴장감, 슬픔, 기쁨을 표현해요. 단어의 뜻을 찾기 위해, 혹은 아이가 그 단어를 반복해보도록 잠깐 멈추고, 이야기 속에서 해당 장면과 잘 어울릴 소리를 아이에게 생각해보라고 말해주세요.

③ 악기와 소리 나는 물건들을 모아요. 집에서 만든 악기들, 종, 호루라기, 냄비, 프라이팬, 조리도구, 원예 도구 등 불거나 두드리거나 튕길 수 있는 물건이면 돼요. 목소리와 몸으로 낼 수 있는 소리도 생각해보세요. 특정 캐릭터가 등장하는 장면이나 시작, 마무리, 전환 등 이야기의 요소에 맞는 다양한 소리를 만들어낼 수 있어요.

④ 음악과 소리를 이야기와 합치기 위해 이야기를 다시 읽어요. 어느 시점에 소리를 넣을지 정리하고 한 명 이상의 관객 앞에서 이야기를 공연할 수 있도록 준비해 보아요.

⑤ 아이가 하나 이상의 역을 맡아 이야기 속 모험을 연기하도록 해서 이야기를 하나의 극으로 만들어요. 이야기를 더 효과적으로 전달할 수 있도록 의상(망토를 대신할 스카프, 긴 드레스를 대신할 치마, 모자 등)과 소품도 사용해요.

책을 볼 필요가 없을 정도로 잘 알고 있는 옛날이야기도 활용해보세요. 《골디락스와 곰 세 마리》,《빨간 모자》,《헨젤과 그레텔》 등은 이야기하기도 쉽고 목소리 연기도 더 편할 거예요.

채소의 노래

영양 면에서 감자칩보다 당근이 더 건강에 좋고, 셀러리가 사탕보다 낫다는 데에는 모두가 동의할 거예요. 노래는 어린이에게 균형 잡힌 식단을 따르도록 권하는 강력한 도구가 될 수 있습니다. "채소 먹어!"라고 말할 필요가 있을까요? 채소에 대해 함께 노래할 수 있는데 말이에요. 채소를 권하는 노랫말에 리듬과 멜로디를 붙임으로써 어린이는 몸에 좋은 음식에 더 빨리 관심을 가지게 될 거예요.

준비물

☐ 세척한 여러 가지 채소
(당근, 오이, 양상추, 강낭콩, 피망)
☐ 나무 숟가락
☐ 도마
☐ 칼
☐ 작은 그릇

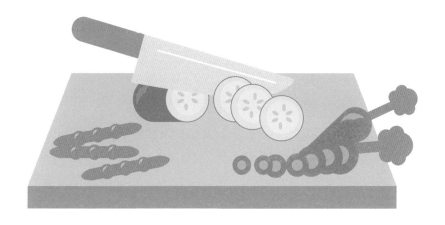

활동 방법

① 아이와 노래를 하나 만드는 것으로 시작해요. 아이가 특히 좋아하는 채소를 주제로 정해요. 아이가 채소보다 과일을 좋아하면 과일을 사용해도 좋아요. 맛, 색, 씹을 때 나는 소리, 즙 등 아이가 관심 있어 하는 것에 중점을 둔 단어들을 골라요.

② 완성된 노래를 반복해 부르면서, 여러분이 묘사하는 채소를 아이가 집어 들거나 가리키게 하세요. 채소는 일렬로 놓아도 되고, 활동을 더 어렵게 하려면 뒤섞어 놓아도 됩니다.

③ 노래 구절의 리듬감을 유지하면서 아이와 함께 반복해서 불러요.

④ 안전한 칼을 이용해 채소들을 하나씩 한입 크기로 썰어요. 채소는 여러분이 썰어야 하며, 일관되고 규칙적인 동작으로 해야 합니다. 여러분이 박자를 맞출 수 있도록 아이에게 식탁을 두드려 달라고 말해주세요.

⑤ 작게 썬 채소를 작은 그릇에 각각 담아요. 이번에는 노래를 다시 부르면서, 각 채소 이름마다 멈춰서 아이가 맛을 보게 해요.

⑥ 다음으로 넘어가기 전에 아이가 각 채소를 완전히 씹어서 삼킬 수 있도록 시간을 주세요. 그러기 위해서 '정크, 푸드는, 이제, 그만'이나 '채소는 몸에 아주 좋아요'와 같은 구절을 가지고 즉흥적으로 노래해보세요.

⑦ 본 활동을 수행하는 내내 박자를 치세요.

TIP --

아이에게 진짜 칼을 들게 해서는 안 됩니다. 아이에게 그 이유를 잘 이해시켜주세요.
노래를 다시 시작하기 전에 아이가 채소를 잘 씹어 삼켰는지 확인하세요.

비 오는 날 놀이

비는 아이들이 자연과 가깝게 성장하는 부분에 있어 필수적입니다. 어린이들은 빗물이 유리창 위로 흐르는 모습을 넋을 잃고 바라보기도 하고, 창문 위로 따뜻한 입김을 불어 김이 서린 표면에 그림을 그리기도 합니다. 바깥에 나가서 물웅덩이에서 물을 첨벙이며 노는 것보다 더 신나는 일은 없지요. 폭풍우 또한 가랑비의 조용함부터 바람이 울부짖는 소리와 쾅 하고 울리는 천둥소리에 이르기까지 다양한 소리와 연관해 생각해 볼 수 있답니다.

준비물

☐ 드럼
☐ 냄비나 프라이팬 뚜껑
☐ 비옷
☐ 방수 신발

TIP

어른들에게는 물에 젖는 것이 성가신 일이지만, 많은 어린이에게는 빗속에서 노는 것이 더할 나위 없이 흥분되고 즐거운 일이랍니다. 마른 옷을 미리 준비해 끝나자마자 몸을 따뜻하게 덥힐 수 있게 하세요. 따뜻한 차나 코코아 한 잔도 좋은 선택이에요!

활동 방법

① 비가 와서 아이가 집안에 갇혀 있는 기분을 느끼고 있다면, 이 경험을 긍정적인 것으로 바꾸어보아요. 여러분의 손 하나로 아이를 위한 가상의 폭풍우를 만들어 보는 거예요.

② 다음의 과정을 순차적으로 시도해주세요. 두 손을 문질러요. 손가락으로 무릎을 두드려요. 손으로 무릎을 쳐 작은 소리를 내요. 손으로 무릎을 쳐 큰 소리를 내요. 만약 서 있다면, 발을 굴려 쾅쾅 소리를 내요.

③ 가상의 폭풍우가 최고조에 달하면, 동작의 순서를 거꾸로 해서 마지막에는 두 손을 문지르는 것으로 마무리해요. 아이에게 여러분을 따라 해보라고 말해주세요.

④ 폭풍우에 천둥을 추가해요. 천둥소리를 내기 위한 다양한 방법을 생각해보세요. 드럼을 치거나, 냄비 뚜껑이나 프라이팬 뚜껑 두 개를 맞부딪히거나, "쾅!"하고 큰 목소리를 내면 되어요.

⑤ 물웅덩이에서 놀아요! 비옷을 입고 방수용 덧신을 신은 후 밖으로 나가 가장 큰 웅덩이를 찾아요. 발로 웅덩이 가장자리를

툭 쳐보세요. 처음에는 약하게 치고, 점점 강도를 더해가요. 첨 벙이는 소리가 확실히 더 커지는 것을 확인하고 나서, 아이에게 소리가 어떻게 바뀌는지 들어보라고 하세요.

⑥ 충분히 깊은 웅덩이를 찾을 수 있으면, 물속에서 나뭇가지를 좌 우로 저어 파도를 만들어보세요. 어떤 소리가 나나요? 나뭇가 지 대신 손을 이용해 더 큰 파도를 만들 수도 있어요. 이제 집으 로 가서 젖은 옷을 갈아입어요.

더 나아가기

> 베토벤의 교향곡 〈전원〉을 들으면서 '천둥, 폭풍우' 악장에서 등장하는 다양한 소리를 들어보세요.
>
> 아이의 이름을 이용해 비에 관한 짧은 노래를 지어보세요. '비야, 비야, 오지 마, 다른 날 오거라. 우리 ○○가 놀고 싶대. 비야, 비야, 오지 마!' 아이에게 지금 비가 오지 않는다면 하고 싶은 야외 활동을 묘사해보라고 한 후, 노래를 반복해요. 아이 디어가 더 떠오르지 않을 때까지 반복합니다.

아침을 깨우는 음악

누구에게나 아침에 일찍 일어나는 건 대단한 일이랍니다! 아이는 종종 따뜻하고 포근한 이불에서 나오기를 힘들어하기 때문에, 맛있는 아침 식사나 친구와 놀기로 한 약속 등을 상기시켜 일어나고 싶게 만들 필요가 있죠. 이때 미소와 활기차고 밝은 목소리가 생산적인 효과를 내는 것처럼, 음악도 그렇답니다. 아이들은 노래하는 목소리, 익숙한 노래, 좋아하는 곡의 화창하고 명랑한 소리에 잘 반응합니다.

준비물

☐ 아침 음악 음원 (선택 사항)
☐ 오르골이나 태엽을 감아 음악을 재생하는 장난감

활동 방법

① 기상 음악은 하루의 완벽한 시작이 될 수 있어요. 여러분만의 기상 음악을 만들 수 있을지 아이와 함께 실험해보세요. 가사를

지을 때 다음 문구의 단어와 구절, 그리고 정서를 고려해보세요. 좋은 아침, 아침의 포옹, 눈을 뜨기, 새로운 하루, 부에노스 디아스, 봉주르, 구텐 탁.(마지막 세 단어는 각각 스페인어, 프랑스어, 독일어의 오전 인사에요.)

② 옆 페이지에 소개된 노래를 참고하세요. 여러분이 고른 가사를 소리 내어 읽어보고, 적합한 리듬을 찾아보아요. 하나를 골라 잘 익히고, 보통 빠르기로 가사를 낭송해주세요. 반복할 때마다 템포를 점점 빠르게 해요.

③ 가사에 쉽지만 활기찬 멜로디를 붙여 노래로 만들어요. 여러 악구를 조합하거나 변주해요.

④ 노래를 활기차게 자주 불러요. 곡에 익숙해지면 아이를 깨우는 기상곡으로 불러줄 수 있어요.

⑤ 작은 오르골이나 음악이 나오는 장난감을 아이의 귀에 대고 작게 연주해요. 그런 후 여러분이 지은 기상곡을 불러요.

더 나아가기

다음은 행복한 기분으로 일어나는 데 도움이 되는 곡입니다. 〈기상나팔〉(미군 기상곡), 퍼렐 윌리엄스의 〈Happy〉, '라이온 킹'의 〈생명의 순환〉, 아이슬리 브라더스의 〈Shout〉, 빙 크로스비의 〈When the Red, Red Robin Comes Bob, Bob, Bobbin' Along〉, 지미 클리프의 〈I Can See Clearly Now〉, 에드바르 그리그의 〈아침의 기분〉. 이 곡들의 음원을 틀거나 멜로디를 직접 불러 보세요.

친구 및 가족과 함께 부르는 노래

어린이들은 혼자서, 그리고 여럿이 함께 음악을 연주합니다. 혼자서 연주해서 독립적인 표현을 할 수도 있고, 여럿이 함께 연주해서 협력의 가치를 느낄 수도 있지요. 그룹으로 노래하고 노는 것은 각자가 내는 소리가 하나 이상의 다른 소리와 만난다는 점에서 아주 신나는 일이에요. 그렇게 연주한 음악은 힘과 통일성이 있는, 매우 흥분되는 무언가가 되어 되돌아옵니다. 그룹 음악 활동은 가정에서 형제자매, 사촌 및 친구들과 함께하는 것으로 시작되며, 아이들에게 만족감과 치유적 효과를 줍니다. 이렇듯 어린이들이 초기에 경험하는 앙상블은 앞으로 겪게 될 음악 및 사회적 경험을 미리 준비하는 과정이 될 수 있습니다.

준비물

□ 어린이들 (친구들, 형제자매, 사촌들)

□ 장난감 마이크

□ 다양한 리듬 악기

활동 방법

① 그룹 음악 활동을 위해 두 명 이상의 어린이를 모아요. 무언가를 공유하는 것은 언제나 긍정적인 행동이라고 아이들에게 말해주세요. 여기에는 함께 아름다운 것을 만드는 기쁨을 누리기 위해 음악을 공유하는 것도 포함되지요.

② 아이들 각자가 좋아하는 곡을 고르게 하세요. 함께 공유할 노래 목록도 준비해 두세요.(99쪽 참고) 돌아가면서 장난감 마이크를 들고 각자 정한 노래를 불러요.

③ 가장 익숙한 노래나 아이들이 특히 좋아했던 노래를 골라 함께 불러보게 하세요. 아이들의 음역 내에서 첫 음을 잡고, 그 음정으로 '이게 시작음이다'라고 노래하듯 말해요. 그리고 지휘자처럼 두 손을 머리 높이로 올렸다가(집중을 위한 신호), 허리 높이로 떨어뜨리는 순간 아이들과 함께 노래를 시작해요.

④ 아이들의 노래가 점점 빨라지지 않도록 지휘하듯이 손을 저어요. 어떤 노래는 2박자 리듬(두 손을 1에 내리고 2에 올려요)이 편하게 느껴지고, 어떤 노래는 3박자 리듬(두 손을 1에 내리고 2에 몸에서 멀어지게 하고 3에 올려요)이나 4박자 리듬(두 손을 1에 내리고 2에 모으고 3에 몸에서 멀어지게 하고 4에 올려요)이 맞을 거예요.

⑤ 연습은 완벽을 만듭니다. 아이들이 각 노래를 시작할 때나 멈출 때 서로를 보고 들을 수 있게 도와주세요. 노래 시작하기와 멈추기는 어린이들이 집중력이 있다면 어릴 때부터 배울 수 있는 중요한 앙상블 테크닉입니다.

⑥ 아이들이 직접 노래를 지휘해보게 격려해주세요. 시작할 때와 멈출 때 신호를 보내는 법을 알려주세요. 돌아가면서 앞에 서서 지휘해보아도 좋아요.

성인의 목소리는 보통 어린이의 목소리보다 낮습니다. 아이들이 자연스럽게 말하고 노래할 때의 목소리를 잘 듣고 노래의 첫 음을 정해주세요. 너무 낮게 음정을 잡으면 아이들이 노래하지 못하거나 부자연스럽게 노래하게 됩니다.

더 나아가기

두루마리 휴지 심을 알루미늄 포일로 싸고, 공처럼 뭉친 포일을 그 위에 붙여 장난감 마이크를 만들어요.

노래와 놀이를 결합해요. 아이들이 공유한 노래 중 하나를 함께 불러요. 각자 악기와 물건으로 박자를 치면서도 음정과 박자가 맞게 노래를 부를 수 있는지 해보세요.

불러볼 노래 목록

다음의 노래 중 하나를 고르거나, 아이들이 각자 곡을 추천하게 하세요.

〈나 같은 죄인 살리신〉, 〈프레르 자크〉, 〈마이클 노를 저어라〉,
〈Rock-a-My Soul〉, 〈Simple Gifts〉
〈This Little Light of Mine〉

수상 음악

어린이들은 물놀이를 좋아해요. 물을 가지고도 음악적으로 탐색할 수 있어요. 아이들은 두 손이나 몸 전체를 욕조 속 물에 담그고 철벅대며 놀아요. 또한 물은 아이들이 긴장을 풀고 노래하게 하며, 시대를 막론하고 민요와 잘 알려진 곡들의 주제로 널리 쓰였답니다.

준비물

☐ 큰 싱크대, 냄비나 프라이팬, 욕조
☐ 혹은 물을 채운 작은 수영장.
☐ 또는 강이나 호수, 혹은 바다의 안전한 장소
☐ 고무 오리, 작은 보트, 혹은 기타 고무로 만든 물놀이 장난감
☐ 헨델의 〈수상 음악〉 음반

절대 물놀이 장소에 아이들만 두고 자리를 비우지 마세요. 욕조나 수영장도 마찬가지입니다.

아이의 눈에 물이 들어가거나 아이가 한기를 느낄 경우를 대비해 마른 수건과 마른 옷을 준비하세요.

활동 방법

① 아이가 물에 들어가거나 손을 담그게 되면, 자유롭게 움직일 시간을 주세요. 움직임의 리듬을 관찰하고, 목소리로 어떤 표현을 하는지 들어보세요. 기뻐서 꽤액 소리를 내거나 키득거리거나 크게 웃을 거예요. 어쩌면 노래까지 부를지도 몰라요.

② 여러분의 팔을 물에 담그고 아이에게 물놀이 장난감을 하나 고르게 한 후 여러분도 하나 골라요. 장난감을 앞뒤로 움직이면서 함께 놀아요. 장난감을 직선이나 지그재그로 움직이고, 원을 그리고, 숫자 8을 그려보아요. 앞사람 따라 하기 놀이를 해요. 한 사람이 장난감을 가지고 특정한 패턴을 그리면 다음 사람이 따라 해요.

③ 익숙한 멜로디를 자유롭게 노래하거나 다른 방식으로 소리 내보세요.(낭송이나 허밍) 말에 자연스럽게 흘러나오는 곡조를 붙여보세요. 여러분이 만든 음악이 손의 움직임과 어떻게 맞아떨어지는지 관찰해보세요.

④ 아이에게 목욕용 장난감이 등장하는 이야기를 들려주세요. 예

를 들어, 고무 오리가 다쳐서 호수 반대편으로 가려면 보트를 타야 했다는 이야기나, 두 고무 오리가 처음에는 서로를 무서워했지만, 나중에는 극적으로 둘도 없는 친구가 되었다는 이야기, 혹은 노래로 들려주세요.(더 나아가기 참고)

⑤ 다시 자유롭게 노는 시간을 가진 후 물놀이를 마쳐요. 짧은 연회용 곡을 모아놓은 관현악 작품인 헨델의 〈수상 음악〉을 틀어요. 아이가 현악기, 호른, 트럼펫, 플루트, 리코더, 오보에, 바순, 더블 베이스가 연주하는 리듬, 흐름, 정서에 어떤 방식으로 반응하는지 관찰하세요.

더 나아가기

물을 주제로 한 노래를 모아 플레이리스트를 만들어요. 〈The Water Is Wide〉, 〈Old Man River〉, 〈The Rio Grande〉, 〈Shenandoah〉, 〈Blow the Man Down〉, 〈Botany Bay〉, 〈Big Boat up the River〉, 〈The Erie Canal〉, 〈Roll On Columbia〉 와 같은 명곡을 넣으세요. 오티스 레딩의 〈Sittin' on the Dock of the Bay〉와 같은 대중음악 또한 상당한 지분을 차지 합니다.

플레이리스트를 자주 들으면서 곡을 외우고 음악에 맞춰 춤 을 춰보아요.

라임 노래하기

라임은 말할 수도 있고 노래할 수도 있어요. 둘 이상의 단어에서 같은 소리가 반복되는 것을 라임이라고 하지요. 'sing(노래하다)'과 'ring(반지)', 'cat(고양이)'과 'sat(앉았다)'처럼요. 라임이 되는 단어들은 보통 두 문장이나 어구의 마지막에 배치됩니다. 어린아이들은 동요의 라임에 익숙해요. 동요는 시적 가사, 리듬, 멜로디의 집합체로서 대대로 구전되어 오는 특징이 있습니다.

활동 방법

① 앉아서 아이가 여러분을 바라보도록 무릎에 앉혀요. 아이가 좋아하는 동요를 불러주세요. 잘 알려진 동요가 106쪽에 소개되어 있습니다. 동요 목록을 보면 잊고 있었던 동요가 생각나거나 새로운 라임에 대한 아이디어가 떠오를 거예요.

② 동요를 불러줄 때 각 악구 마지막에 배치된 라임이 되는 단어들은 더 크게 불러주세요.

③ 동요를 반복해서 불러요. 단어를 표현하기 위한 다양한 제스처

를 여러모로 활용해보세요. 일반적으로 사용되는 제스처로는 손가락을 펼친 두 손을 머리 위로 올리는 동작(예시: 〈반짝반짝 작은 별〉), 엄지를 검지에 갖다 대고 두 손을 연결해 거미를 표현 하는 동작(예시: 〈거미가 줄을 타고 올라갑니다〉)이 있어요.

④ 아이가 박자에 맞춰 손뼉을 쳐보게 하세요. 여러분의 손과 아이 의 손을 번갈아 가며 쳐보세요.

TIP
222쪽의 워크시트를 이용해 아이가 좋아하는 동요 목록을 만들어보세요.

너서리 라임 (동요)

다음 곡들은 마더 구스 라임에서 고른 것입니다.

비야 비야 오지 마

Rain, rain, go away,
비야 비야 오지 마

Come again another day.
다른 날 오거라

Little Suzy wants to play.
우리 수지가 놀고 싶대

Rain, rain, go away.
비야 비야 오지 마

매애 매애 검은 양

Baa, baa, black sheep, have you any wool?
매애 매애 검은 양아, 양털 좀 있니?

Yes sir, yes sir, three bags full.
그럼요, 그럼요, 세 자루 가득 있어요

One for the master, One for the dame,
하나는 주인님, 하나는 마님,

One for the little boy who lives down the lane.
하나는 길 아래 사는 아이 것이랍니다

반짝반짝 작은 별

Twinkle, twinkle, little star,
반짝반짝 작은 별

How I wonder what you are!
나는 네가 참 궁금해

Up above the world so high,
세상 위 저 높은 곳에서

Like a diamond in the sky.
하늘의 다이아몬드처럼 빛나네

Twinkle, twinkle, little star,
반짝반짝 작은 별

How I wonder what you are!
나는 네가 참 궁금해

거미가 줄을 타고 올라갑니다

The itsy bitsy spider went up the water spout.
자그마한 거미가 배관을 타고 올라갔어요

Down came the rain and washed the spider out.
비가 와서 거미를 쓸어 내렸지요

Out came the sun and dried up all the rain,
해가 나와서 비를 다 말리자

And the itsy bitsy spider went up the spout again.
자그마한 거미가 배관을 타고 다시 올라갔어요

명절의 노래

명절에 부르는 익숙한 노래들을 통해 아이들은 역사와 가치를 배웁니다. 그리고 관심사를 공유하는 가족과 공동체, 문화의 일원이라는 것을 알게 될 거예요. 모든 명절과 계절에는 그에 어울리는 노래가 있죠. 대다수 곡은 우리가 어릴 때부터 듣고 배워서 익숙한 것들입니다. 우리는 악보 없이도 이 노래들을 부를 수 있고, TV, 라디오, 인터넷, 공공장소에서 나오는 음악 중에서 자연스럽게 식별해낼 수 있답니다. 어린이들 또한 명절을 맞을 때마다 이 곡들을 듣고 함께 부르면서 삶의 일부로 받아들입니다.

준비물

☐ 직접 만든 악기
☐ 기본 조리도구

활동 방법

① 어린 시절 명절에 불렀던 노래를 떠올려보고, 그 곡들을 들으면

어떻게 들뜬 기분이 들었는지, 그리고 어떻게 그 계절의 전통을 배울 수 있었는지를 생각해보세요.

② 그 노래들을 아이에게 불러주세요. 잠자리에 들기 전에 불러도 좋고, 낮잠 시간, 식사 후, 차 안에서, 혹은 산책하면서 불러도 좋아요.

③ 곡에 생기를 불어넣고 활기차게 부르기 위해 리듬 악기와 제스처를 추가해요. 딸랑이나 탬버린 등 아이와 이전에 만들었던 악기 중 하나를 골라요.

④ 여러분에게 익숙하지 않은 명절에 불리는 노래를 배워보세요. 예시로 중국의 춘절, 유대인의 새해 명절인 로쉬 하샤나, 아프리카계 미국인의 연말 축제 콴자, 인도의 축제 디왈리, 기독교의 참회 화요일인 마디 그라, 이슬람교의 축제 이드 알피트르 등이 있어요. 노래를 녹음하고, 익숙하지 않은 언어로 부른 노래의 경우 특히 주의 깊게 들어보세요.

명절 노래

세상에는 수없이 많은 명절 노래가 있어요.
잘 알려진 명절 노래로 다음과 같은 곡이 있습니다.

〈올드 랭 사인〉(새해)
〈Cockles and Mussels〉(성 패트릭의 날)
〈Here Comes Peter Cottontail〉(부활절)
〈La Raspa〉(싱코 데 마요)
〈Five Little Pumpkins〉(핼러윈)
〈Over the River and through the Woods〉(추수감사절)
〈Hanukkah, Oh Hanukkah〉(하누카)
〈징글벨〉(크리스마스)

개, 고양이, 그리고 다른 동물들

동물은 어린이와 어른 모두에게 기쁨을 줍니다. 일반적인 반려동물(고양이, 개, 햄스터 등)이든 가축(소, 닭, 돼지 등)이든, 혹은 동물원에서만 볼 수 있는 동물(판다, 코끼리, 원숭이 등)이든, 우리는 동물들의 모습과 움직임에 매료되지요. 어린이들은 동물들이 내는 다양한 소리에도 매혹된답니다. 수많은 동물의 소리를 들어보면 우리는 인간이 특별한 이유를 알 수 있지요.

활동 방법

① 어린아이가 말을 배우기 시작할 때 처음 말하는 단어 중에 동물의 이름이 있는 경우가 많습니다. 그러나 말을 하기 전에도 아이들은 동물의 소리를 흉내 냅니다. 동물들이 각기 어떤 소리를 내는지 아이와 함께 떠올려보세요. 아이에게 소리의 높낮이에 대해 생각해보라고 하세요. 예를 들어, 고양이의 야옹 소리는 개의 멍멍 소리보다 높나요? 새끼 고양이와 엄마 고양이의 소리에는 어떤 차이가 있나요? 코끼리 소리는 높나요, 낮나요,

아니면 둘 다인가요?

② 여러 동물 소리를 내고 아이에게 어떤 소리가 높고 어떤 소리가 낮은지 물어보세요. 고양이, 개, 소, 수탉, 암탉, 말, 새, 또는 그 밖에 아이가 잘 알고 좋아하는 동물의 소리를 내보세요. 같은 동물의 소리를 높거나 낮게 낼 수 있는 여러 방법을 실험해보세요.

③ 어린이의 두성은 고음역의 소리이며 저음역인 흉성보다 부드러운 특성이 있어요. 두성으로 노래하는 법을 쉽게 발견하는 아이들도 있고, 어려워하는 아이들도 있습니다. 동물 소리를 흉내내는 것은 어린아이들이 두성을 경험할 수 있게 해주는 검증된 방법입니다. 아이가 작은 새끼 고양이의 야옹 소리, 부엉이의 부엉 소리, 쥐의 찍찍 소리를 내게 해보세요. 이 밖에도 다양한 소리를 시험해볼 수 있어요.

④ 여러분과 아이가 알고 있는 짧은 동시를 낭송하세요. 보통의 목

소리로 함께 낭송한 뒤, 코끼리처럼 낮은 목소리로 낭송해요.
다음에는 쥐가 시를 읽는 것처럼 높은 목소리로 반복해요.

⑤ 아이가 아는 노래 중 동물에 관한 노래를 함께 노래해보세요.

더 나아가기

반려동물을 키우고 있다면 그 동물에 관한 노래를 만들어보
세요. 아름다운 멜로디나 라임에 대해 걱정할 필요는 없어요.
아이들이 가족의 중요한 일원이라고 생각하는 동물에 대한
찬가를 지으면 됩니다.

드라이브 음악

많은 어린이가 등하교 하면서, 또 우리의 삶을 풍요롭게 하는 여러 활동을 하러 가면서 상당한 시간을 차 안에서 보냅니다. 어린아이들은 주먹 크기의 장난감 자동차를 카펫 주위로 씽씽 굴리며 놀아요. 장난감 차의 인기를 보면 자동차가 어린이에게 얼마나 매혹적인 대상인지를 알 수 있죠. 차에서 보내는 시간은 가족 간의 친밀도를 높일 좋은 기회입니다. 음악적 탐색을 위해 더할 나위 없이 좋은 시간이기도 하죠.

준비물

□ 자동차

□ 차 라디오

활동 방법

① 아이와 함께, 차에 탈 때 들리는 모든 소리를 말해보세요. 그 과정에 들리는 소리를 하나씩 말하면서 천천히 타세요. 문이 열리

는 '철컥' 소리, 문이 닫히는 '쾅' 소리, 안전벨트의 '딸깍' 소리, 자 열쇠의 '절그럭' 소리는 시동을 걸기 전까지 들리는 여러 소리 중 일부에 불과해요.

② 운전하면서 창문을 열어요. 이제 차가 움직일 때 들리는 모든 소리에 귀를 기울이면서 1번의 활동을 반복해요. 바퀴가 땅에 닿는 소리, 엔진의 '부릉' 소리, 지나가는 차의 경적이 들려요. 여러분과 아이는 소리를 몇 가지나 들었나요? 아이에게 차가 출발했을 때 여러분이 들은 소리와 아이가 들은 소리가 어떻게 다른지 비교해보라고 하세요. 아이에게 들은 소리를 흉내 내보라고 하세요. 한바탕 웃게 될 거예요.

③ 라디오에서 채널을 돌려 여러 방송을 들어보아요. 한 채널을 30초 듣고, 거기서 나오는 곡이 좋은지 싫은지 함께 말해보아요. 채널을 돌려가며 노래에 대한 선호도를 얘기하는 과정을 반복해요. 의견이 달라도 괜찮아요. 이를 통해 아이는 독립적인 의견을 가지게 되고 그 의견을 말로 표현하는 법을 배웁니다.

TIP --

아이가 소리를 표현하는 데 어려움이 있다면, 가상의 소리를 예로 들어주세요. 예를 들어, 차에 타면서 이렇게 물을 수 있어요. "어디서 코끼리 소리가 나네. 들었니?" "문을 열 때는 어떤 소리가 나니?" 이와 같은 질문은 아이가 주변의 소리를 좀 더 쉽게 파악하게 도와줍니다.

음악
연주하기

어린이의 삶에서 음악과 노래보다 더 큰 기쁨을 주는 것은 드뭅니다. 음악을 연주하거나 새 노래를 익히는 일에는 무엇에도 비길 데 없는 순전한 기쁨이 있지요. 음악과 노래는 리듬과 라임에서 자연스럽게 나타납니다. 아이는 일단 기본적인 리듬을 이해하고 나면 음악 속에서 더 복잡한 형태의 리듬을 찾아낼 수 있습니다. 라임의 경우에도 마찬가지로, 일단 라임을 기억하고 낭송할 수 있게 된 아이는 노래를 들으며 비슷한 라임을 찾아낼 것입니다. 단, 노래 가사와 음악의 템포를 맞춰야 하는 어려움이 추가되겠지요.

빗 음악

집 안에서 연주에 쓸 수 있는 물건이 많다는 것은 정말 놀라운 일이에요. 엉킨 머리카락을 풀거나 멋을 내는 데 쓰는 평범한 빗도 근사한 악기가 될 수 있어요. 플라스틱이나 금속으로 만든 빗의 촘촘한 살을 엄지손가락으로 쓸면 느낌이 좋을 뿐만 아니라 음정이 올라가거나 내려가는 미세한 소리를 들을 수 있죠. 더 좋은 방법은 왁스 페이퍼나 티슈를 사용해 빗을 목소리를 변형시켜 소리 내는 악기인 카주로 변신시키는 거예요.

준비물

☐ 빗

☐ 티슈나 왁스 페이퍼

TIP

빗살을 종이로 덮기는 하지만, 빗을 입에 가져다 대기 전에 깨끗이 닦거나 소독하는 것이 좋습니다.

활동 방법

① 손으로 빗을 잡고 아이가 보고 따라 하도록 해주세요. 엄지손가락으로 작은 빗살을 한 방향으로 쓸어요. 음정의 변화를 함께 듣고 음정이 올라가는지 내려가는지 판단해보세요. 빗살을 튕겨 리듬 패턴을 몇 개 연주하고 아이에게 똑같이 따라 해보라고 말해주세요.

② 티슈나 왁스 페이퍼 한 장을 빗살 끝부분 위에 얹어요. 티슈나 왁스 페이퍼를 통해 익숙한 곡조를 허밍으로 부르면서 소리를 들어보세요.

③ 아이를 위해 똑같은 빗 악기를 만들어주세요. 아이가 같은 곡조를 허밍으로 불러보게 하고 두 빗의 소리를 비교해보세요.

④ 한 사람이 연주하면 다른 사람이 반복하는 식으로 모방 연주를 해요. 부르고 응답하는 형식, 즉 한 사람이 멜로디 패턴을 만들어 연주하면 다른 사람이 다른 패턴으로 응답하는 형식도 시도해보세요.

더 나아가기

더 큰 아이의 경우, 빗으로 한 사람은 리듬을 연주하고 다른 사람은 멜로디를 연주할 수 있어요. 함께 빗 음악을 만들어보세요.

오션드럼

수 세기 동안 긴 원통에 작은 자갈이나 곡물 등을 넣은 악기형태의 레인스틱과 작은 구슬이 들어 있는 북인 오션드럼은 많은 사랑을 받아 왔습니다. 레인스틱과 오션드럼은 하와이, 사모아, 피지와 같은 태평양의 섬, 호주 원주민, 페루, 칠레, 멕시코, 고대 아즈텍 문화에서 볼 수 있습니다. 이 악기들을 부드럽게, 혹은 강하게 흔들면 빗소리나 바닷가에서 철썩이는 파도 소리가 나죠. 어떤 문화권에서는 이 소리를 통해 물고기와 작물의 풍성한 수확을 기원합니다. 다른 문화권에서는 이 소리가 마음을 진정시키고 명상에 잠기게 하는 효과가 있다고 여기죠.

준비물

☐ 다용도 칼

☐ 작은 상자

☐ 가위

☐ 투명 필름

□ 숏 파스타나 말린 콩
□ 마스킹 테이프나 덕트 테이프
□ 물감과 다양한 색의 색상지

활동 방법

① 재료를 준비해요. 악기를 두 개 만들어도 됩니다. 하나는 여러분, 하나는 아이 것으로요.

② 오션드럼을 만들기 위해 다용도 칼로 상자 위쪽을 잘라 창을 만들어요. 나중에 완성된 악기를 기울일 때 아이가 이 창을 통해 속에서 움직이는 파스타나 콩을 볼 수 있어요. 창의 크기는 작아도 되고 커도 됩니다.

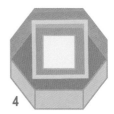

③ 가위로 투명 필름을 잘라요. 창 크기보다 5센티미터 크게 자르세요.

④ 필름을 상자의 창에 대고 마스킹 테이프나 덕트 테이프로 붙여요.

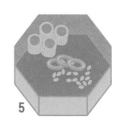

⑤ 상자 안에 20~30개의 숏 파스타나 말린 콩을 넣어요.

⑥ 드럼을 마스킹 테이프나 덕트 테이프로 봉해요.

⑦ 아이와 함께 물감으로 드럼을 꾸며요. 다양한 색지로 상자의 글자를 가려요.

⑧ 아이에게 드럼을 연주해보게 하세요. 드럼을 한쪽으로 기울였다가 다른 쪽으로 기울이는 법을 보여주세요. 그리고 내용물이 굴러가는 소리를 들어보게 하세요.

⑨ 아이가 악기에 익숙해지면, 드럼의 기울기에 따라 소리가 느려지거나 빨라지는 것을 들려주세요.

⑩ 리듬이 자유롭고 사색적인 소리와 규칙적인 박자가 있는 소리 등 다양한 소리를 실험해보세요.

TIP

상자를 칼로 자르는 것은 반드시 어른이 해야 합니다. 칼과 가위(작은 어린이용 가위 제외)는 아이들의 손이 닿지 않는 곳에 두세요.

더 나아가기

음악에 맞춰 드럼을 연주해보세요. 특히 하와이, 사모아, 피지와 같은 태평양에 있는 섬의 음악을 추천해요. 만약 드럼을 두 개 만들었다면, 앞사람 따라 하기 놀이를 해보세요. 여러분이 먼저 음악에 맞춰 드럼을 연주하면 아이가 여러분의 리듬을 따라 하는 식으로요.

3

작곡가가 되어요

이 활동은 아이가 작곡가가 되어 볼 수 있는 좋은 기회예요. 그림 그리기와 노래하기를 결합한 이 활동은 기억력과 연상력을 향상되게 하죠. 아이들은 여러 도형과 표시를 반복해서 그리면서 그림 실력을 키우고, 또한 음악은 귀로 들을 뿐만 아니라 눈으로 읽을 수도 있다는 점을 알게 될 거예요.

준비물

☐ 색연필이나 컬러링 펜
☐ 일반 A4 용지나 전지 (클수록 좋아요.)

활동 방법

① 종이에 펜으로 삼각형과 같은 도형을 하나 그려요. 아이에게 도형을 어떻게 그리는지 보여주고 그 도형을 상상하게 하세요. 이 도형이 소리를 의미한다고 설명해주세요. 예를 들어 삼각형은 '삐' 소리예요. 도형을 들고 있는 동안 '삐' 소리를 내고 아이에게도 따라 해보라고 하세요.

② 원과 같은 다른 도형을 고르세요. 아이가 서로 다른 도형을 쉽게 구분할 수 있도록 대조되는 밝은 색깔들을 사용하세요. 아이에게 사각형을 어떻게 그리는지 보여주고 사각형이 의미하는 소리를 정해요. '팡' 소리는 입으로 낼 수도 있고, 손뼉이나 발을 구르는 것처럼 행동으로 소리 낼 수도 있어요.

③ 아이가 두세 개의 도형을 외웠으면, 여러 도형을 한 줄로 그려서 소리를 배열해보세요. 마치 도형들이 음표인 것처럼요. 오선지처럼 선을 그어도 됩니다. 그러면 도형을 한 줄로 그리기가 더 쉬울 거예요.

④ 아이가 도형과 일치하는 소리를 잘 찾게 되면, 새 종이를 꺼내서 아이가 자신만의 패턴을 그려보게 하세요. 한 가지 도형을 그릴 때마다 그 도형이 의미하는 소리를 반복해보게 하세요. 도형의 수는 네 개를 넘지 않도록 하되, 소리의 배열 내에서 같은 소리를 반복하기도 하고 순서를 섞어보기도 하도록 아이를 이끌어주세요.

⑤ 이번에는 아이가 고른 도형과 소리를 여러분이 새롭게 조합해

또 다른 곡을 만들어보세요. 아이에게 여러분이 그린 도형을 보고 악보를 보고 노래하듯이 소리 내게 해보세요.

더 나아가기

이 활동은 소그룹으로, 혹은 교실에서 진행하기에도 적합합니다. 도형과 소리를 알파벳처럼 정리한 표를 만들어요. 어린이들 각자 자기만의 악보를 그리도록 하세요. 어린이들이 악보를 들고 있거나 벽에 붙이면, 다른 어린이들은 도형의 배열을 보고 소리를 내보도록 합니다.

TIP
각 도형이 눈에 잘 띄고 구분되도록 대비가 뚜렷한 밝은 색상을 사용하세요. 도형의 수는 적은 편이 좋습니다. 아이가 소리에 익숙해지면 도형의 배열을 점점 길게 늘리고 속도도 빠르게 해보세요.

딸랑이를 굴려요

어린이들은 요람 속에서 딸랑이를 가지고 노는 어린 시절부터 셰이커의 소리를 좋아합니다. 라틴 아메리카에서는 마라카스라고도 불리는 셰이커는 브라질, 쿠바, 멕시코, 푸에르토리코, 베네수엘라 등을 포함한 카리브 해 및 중남미 국가의 음악에 자주 쓰이지요. 마라카스는 마른 박 껍질로 만든 빈 공에 마른 콩을 넣어 만듭니다. 아이는 자신만의 셰이커를 만들어 흔들고 굴리며 노는 것을 좋아할 거예요.

준비물

☐ 플라스틱 통 (요거트 통이나 컵 2개)

☐ 쌀이나 마카로니, 혹은 말린 콩

☐ 마스킹 테이프 혹은 덕트 테이프

☐ 풀

☐ 아크릴 물감이나 다양한 색상의 천 조각

활동 방법

① 재료를 준비하고 똑같이 생긴 통 두 개를 골라요. 이 통들이 악기의 아랫부분이 됩니다.

② 각 통을 쌀이나 마카로니, 혹은 말린 콩으로 4분의 1 정도 채워요. 아이에게 도와달라고 하세요.

③ 통을 닫아요. 어떤 통은 테이프만 붙여도 되지만, 어떤 통은 풀로 먼저 붙인 뒤 테이프를 한 번 더 붙여야 할 수 있어요.

④ 통의 연결부에 마스킹 테이프나 덕트 테이프를 더 감아서 단단히 붙여요.

⑤ 아이가 셰이커를 마음대로 꾸미게 하세요. 밝은 색깔로 칠할 수도 있고, 다양한 색의 천 조각을 풀로 붙일 수도 있어요.

⑥ 재료가 남지 않을 때까지 셰이커를 최대한 많이 만들고 충분히 말려요.

⑦ 아이에게 셰이커를 어떻게 연주하는지 보여주세요. 한 손에 셰이커를 하나씩 들고 손목을 빠르게 아래로 꺾는 동작을 시연합니다.

⑧ 아이가 혼자서 셰이커를 흔드는 법을 익히고 나면, 한 손을 먼저 흔들고 다른 손을 흔드는 식으로 손을 바꿔가며 연주해보게 하세요. 처음에는 천천히 흔들다가 점점 속도를 올리게 하세요.

⑨ 여러분도 셰이커 한 쌍을 들고 아이와 함께 여러 가지 리듬을 연주해보세요. 일정하고 단순한 비트로 시작해, 한 박자에 셰이커를 두 번 흔드는 리듬까지 점진적으로 발전시켜요. 다양한 음원을 틀어 놓고 음악에 맞춰 셰이커를 흔들어보세요.

더 나아가기

셰이커를 만드는 동안 마라카스가 포함된 라틴 아메리카의 음악(마치토, 베니 모레, 부에나 비스타 소셜 클럽, 글렌 벨레즈 Glen Velez)의 음반 등을 들어요. 음악을 들으며 아이는 악기를 꼭 완성하겠다고 다짐하게 될 거예요.
좀 더 큰 아이의 경우, 눈가리개로 눈을 가린 후 셰이커 속에 든 재료(쌀, 마카로니, 말린 콩)를 소리만 듣고 맞출 수 있는지 확인해보세요.

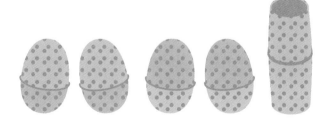

주방 음악

주방은 가정의 중심이자 어른이나 아이나 모두 활동하기 좋아하는 곳입니다. 음식과 냄비와 프라이팬이 있는 곳이기도 하죠. 무겁고 튼튼한 주물 프라이팬이든 가벼운 알루미늄 냄비든, 어린아이는 취사도구를 매력적으로 느낄 수 있어요. 나무 숟가락만 있다면 크게 힘들이지 않고도 '땡', '쿵', '댕', '딸랑', '윙' 소리를 낼 수 있지요.

준비물

☐ 프라이팬

☐ 냄비

☐ 주전자 (선택 사항)

☐ 웍 (선택 사항)

☐ 나무나 금속 소재의 숟가락

금속과 금속이 서로 부딪치는 소리는 귀에 손상을 줄 수도 있어요.(특히 큰 냄비와 프라이팬) 금속으로 된 취사도구는 제한적으로 사용하고, 가능하면 나무 숟가락을 사용하세요.

활동 방법

① 냄비와 프라이팬 여러 개를 준비해요. 주전자와 웍이 있다면 그것들도 사용해요.

② 나무 숟가락으로 각 취사도구의 옆면, 입구 가장자리, 그리고 금속 뚜껑이 있다면 꼭대기를 쳐보세요. 취사도구를 거꾸로 뒤집어 놓고 두드리세요. 아이도 따라 하게 해주세요. 금속 숟가락으로도 두드려 보게 하세요.

③ 모아놓은 취사도구 중 가장 높은 소리와 가장 낮은 소리를 내는 것은 무엇인지, 가장 밝은 음색과 가장 어두운 음색을 내는 것은 무엇인지 아이와 함께 찾아보세요.

④ 냄비나 프라이팬 하나를 골라 일정한 박자로 두드리면서 아이가 합류하게 해주세요. 역할을 바꾸어, 아이가 먼저 어떤 속도든 상관없이 일정한 박자로 두드리기 시작하면 여러분이 나중에 합류해보세요. 박자를 두드리면서 노래를 불러도 됩니다.

⑤ 앞사람 따라 하기 놀이를 해요. 쉽게 모방할 수 있는 짧은 4비트 패턴을 연주하고 아이가 따라 하게 해주세요. 패턴을 4~5개 연주하고 나서, 역할을 바꾸어 아이가 먼저 연주하고 여러분이 따라 해요.

⑥ 이제 다양한 모양과 크기의 냄비와 프라이팬을 추가해서 여러 가지 금속성 소리를 내보아요. 4단계(일정한 박자 연주)와 5단계(앞 사람의 패턴 모방)를 반복해요. 다양해진 음높이와 음색에 주목하세요. 덕분에 더 다채로운 소리를 사용할 수 있게 됩니다.

⑦ 주방의 소리로 듀엣곡을 만들어요. 여러 소리가 어우러지면 어떻게 들리는지 확인해보는 것이 목표예요. 두 사람 모두 연주할 때는 박자나 반복되는 짧은 리듬 패턴에 맞춰 연주하고, 연주하다가 쉬면서 다른 사람의 연주를 들어도 괜찮아요.

더 나아가기

5단계를 수행할 때 패턴의 길이를 4비트에서 8비트까지 늘려서 아이가 더 오래 듣고 모방하게 해보세요.

함께 연주할 때 셈여림과 빠르기를 조절하거나 밝고 어두운 여러 음색을 조합해서 어떻게 변주할 수 있을지 아이와 이야기를 나눠보세요.

돌멩이 음악

우리는 록 음악을 운전할 때 차 스피커를 쿵쿵 울리며 듣는 즐거운 음악으로만 생각합니다. 하지만 진짜 돌rock로도 놀라울 정도로 다양한 음악적 소리를 낼 수 있어요. 오랜 시간에 걸쳐 굳어진 미네랄의 집합체인 돌은 쌀알 한 톨만큼 작을 수도 있고 산만큼 클 수도 있지요. 음악적으로 보면, 돌의 다양한 특성은 돌이 만들어내는 소리에도 영향을 미친답니다.

준비물

☐ 돌 여러 개
☐ 고여 있는 물

TIP

돌로 돌을 두드리는 활동은 손가락을 다치게 할 가능성이 있어요. 아이의 연약한 손가락을 다치지 않게 도와주세요.

활동 방법

① 아이와 밖에 나가 아이의 손 크기와 비슷한 돌을 두 개 찾아요. 돌로 도로 표지판, 나무 울타리, 철제 난간 등 여러 가지의 단단한 표면을 두드려 보세요. 가장 마음에 드는 소리 두 개를 정해요. 여러분과 아이가 돌을 하나씩 들고 돌이 내는 소리로 패턴을 만들어요.

② 어떤 요소가 소리에 영향을 주는지 아이가 생각해보게 하세요. 모은 돌을 가지고 예측을 해보세요. 각각의 돌을 가지고 보도블록을 두드리면 똑같은 소리가 날까요? 두 돌의 크기가 다르면 소리가 변하나요?

③ 여러 돌이 보도블록에 부딪혀 내는 소리를 들어본 후, 돌아가며 눈을 감아요. 한 사람이 눈을 감으면 다른 사람이 땅에 돌을 두드려요. 소리를 낸 돌이 어느 것인지 맞힐 수 있나 확인해보세요.

④ 다양한 모양과 크기의 자갈과 돌을 모아서 물가로 가져가요. 돌을 물에 던지면서 돌이 만들어내는 다양하고 경이로운 소리를 들어보세요. 강이나 호수, 혹은 바다가 이상적이지만, 주운 돌과 자갈이 작다면 욕조에서도 해볼 수 있어요.

더 나아가기

더 큰 아이의 경우, 여러분이 노래하거나 음악을 틀어 놓고 아이가 돌 두 개를 마주쳐 일정한 박자를 연주하게 해보세요.

뿔나팔 불기

뿔나팔horn은 아직도 전 세계 곳곳에서 사랑받는 악기예요. 금관을 아름답게 감아놓은 형태의 프렌치 호른French horn은 교향곡과 실내악 연주에서 볼 수 있죠. 반면 동물의 뿔로 만든 뿔나팔은 여러 사회에서 신호를 보내거나 멜로디를 연주하기 위해 사용됩니다. 어린이들도 집에 있는 재료로 자신만의 뿔나팔을 만들고 연주하면서 예술적, 음악적으로 자신을 표현할 수 있어요.

준비물

□ 키친타월이나 두루마리 휴지의 심
□ 왁스 페이퍼
□ 고무 밴드
□ 펜
□ 물감

활동 방법

① 휴지심과 휴지심의 구멍보다 두 배 큰 크기의 왁스 페이퍼를 준비해요. 왁스 페이퍼로 심의 한쪽 끝을 막고 고무 밴드로 고정해요.

② 왁스 페이퍼에 펜 끝으로 작은 구멍을 여러 개 내요. 구멍 내기는 아이에게 해보라고 할 수도 있어요.

③ 아이가 완성된 나팔의 몸체를 밝은 색상으로 꾸미게 해요. 이런 식으로 나팔을 여러 개 만들어요. 적어도 한 사람에 하나씩은 있어야 해요.

④ 나팔을 어떻게 연주하는지 아이에게 보여주세요. 입구에 입을

대고 '투' 소리를 반복해서 내세요. 어떤 리듬이든 괜찮으니 아이에게 따라 해보라고 하세요.

⑤ 부르고 응답하는 형식으로 연주해보세요. 한 사람이 나팔로 소리를 내면 다른 사람이 응답하는 소리를 내는 거예요. 앞사람의 소리를 반드시 모방할 필요는 없어요. 각자 독창적인 소리를 내보세요.

⑥ 나팔 속으로 노래를 부르면 나팔이 메가폰 역할을 하는 것을 아이에게 보여주세요.

더 나아가기

영감을 얻기 위해 차이콥스키의 〈교향곡 5번〉의 호른 독주나 슈트라우스의 〈호른 협주곡 제1번〉과 같은 프렌치 호른 연주 음반을 들어보세요.
소, 양, 사슴, 영양, 가젤, 엘크, 쿠두 등의 뿔로 만든 뿔나팔 소리를 들어보세요.

피아노 음악

피아노는 세계에서 가장 보편적으로 알려진 악기 중 하나입니다. 이 커다란 악기의 특징은 검은 건반과 흰 건반이죠. 오랜 기간의 훈련을 거친 전문 피아노 연주자들은 이 악기에서 놀라운 소리를 끌어냅니다. 어린이들 역시 도움을 받아 창의력을 자극하는 다양한 소리를 낼 수 있습니다.

준비물

☐ 피아노나 키보드, 혹은 피아노 앱

활동 방법

① 한 번에 한 손가락을 이용해 '아기 걸음'으로 건반을 올라가요. 저음부에서 고음부로 한 음씩 올라갔다가 다시 내려와요.

② 다음으로 손가락이 아래쪽 건반과 위쪽 건반을 오가며 점프하는 '도약'을 시도해보세요. 아이가 지켜보는 가운데 아기 걸음과 도약을 여러 번 반복한 후, 아이가 뒤돌아서 피아노를 보지

않게 하세요. 연습을 반복하면서, 아이에게 지금 들리는 소리가 아기 걸음인지 도약인지 맞혀보게 하세요.

③ 아이들은 피아노와 같은 악기로 곡을 만들어내는 것을 특히 좋아합니다. 아이가 자유롭게 피아노를 치게 두되, 절대 피아노를 쾅쾅 때리면 안 된다고 알려주세요. 아이를 의자에 앉히고 자유롭게 건반을 탐색해보도록 두세요. 아이의 '곡'은 여러분의 관심을 별로 끌지 못할 가능성이 크지만, 자유롭게 건반을 뚱땅거린 경험은 아이에게는 강렬한 기억으로 남을 거예요.

병과 그릇

어린이들은 용기 속 물의 양에 따라 용기를 두드렸을 때 나는 소리의 높이가 달라지는 현상에 호기심을 느낍니다. 병이나 그릇 5~8개를 가지고 실로폰처럼 소리 나도록 만들 수 있어요. 실로폰에는 낮은음부터 높은음까지 음정이 일렬로 나열되어 있고, 이를 이용해 〈나비야〉나 〈징글벨〉부터 베토벤의 〈환희의 송가〉에 이르기까지 온갖 종류의 곡을 연주할 수 있죠. 이번 활동에는 흥미롭게도 수학과 음악, 그리고 물리학이 융합되어 있습니다.

준비물

☐ 유리병이나 비커, 혹은 도기 그릇 8개
☐ 물
☐ 나무 숟가락이나 짧은 나무 막대

활동 방법

① 병이나 비커, 혹은 그릇 8개를 일렬로 세워요.

② 첫 번째 용기의 8분의 1을 물로 채워 가장 높은 음정을 만들어요. 두 번째 용기는 4분의 1(8분의 2)을, 세 번째 용기는 8분의 3을 채워요. 같은 방식으로 용기 여덟 개에 물을 채웁니다.

③ 각 용기는 음계의 각 음 소리를 낼 거예요. 물을 가장 많이 채운 용기부터 가장 적은 용기의 순서로 도, 레, 미, 파, 솔, 라, 시, 도의 소리가 납니다. 음정을 더 정확하게 맞추기 위해 물의 양을 조절하세요.

④ 나무 숟가락이나 짧은 나무 막대로 음계를 연주해요. 아이에게 음계를 먼저 들려주고, 아이도 연주해보게 하세요. 아이가 여러 번 연습해볼 수 있게 하세요.

⑤ 〈'리'자로 끝나는 말은〉, 〈떴다 떴다 비행기〉, 〈반짝반짝 작은별〉 등 아이가 좋아하는 곡을 연주하면서 노래 불러요.

금속 숟가락이 유리에 부딪히는 소리는 매우 매력적이지만, 열정적인 아이는 병을 깨뜨릴 수도 있으므로 주의해야 합니다.

더 나아가기

음높이를 쉽게 식별하려면 물에 식용 색소를 섞어보세요.
네 번째 용기와 일곱 번째 용기를 빼고 도, 레, 미, 솔, 라만 남겨 5음 음계를 연주해보세요. 이 음계는 중국, 일본, 한국의 전통음악과 영미권 민요를 연주하기에 적합합니다.
좀 더 큰 아이의 경우, 용기의 순서를 뒤섞은 후 각 용기를 쳐서 나는 소리만 듣고 용기들을 재배열하게 시켜보세요.

고무줄 기타

기타는 세계에서 가장 대중적인 악기 중 하나입니다. 류트 족 악기인 기타는 몸통과 긴 목, 그리고 여러 개의 현으로 이루어져 있죠. 어린이들은 블루스, 블루그래스, 컨트리 뮤직, 플라멩코, 마리아치, 레게 등 다양한 장르의 음악 속에서 들리는 기타의 생동감 있는 소리를 좋아합니다.

준비물

☐ 두꺼운 종이 상자 (신발 상자나 각티슈 상자)

☐ 다용도 칼

☐ 물감

☐ 길고 두꺼운 고무 밴드 6개

☐ 공예용 풀

☐ 5~7.5센티미터 길이의 막대나 자

☐ 마스킹 테이프 혹은 덕트 테이프

활동 방법

① 종이 상자를 준비해 중앙에 칼로 구멍을 내요. 신발 상자의 경우 뚜껑을 제거하세요. 각티슈의 경우 구멍 주위의 비닐을 제거하세요.

② 아이가 상자를 밝은 색상으로 칠하거나 점무늬, 줄무늬, 별 모양 등으로 꾸미게 하세요.

③ 고무 밴드가 구멍을 가로지르도록 상자의 한쪽 끝에서 다른 쪽 끝까지 당겨 씌워요. 고무 밴드 사이의 간격을 일정하게 띄워서 서로 닿지 않게 하세요.

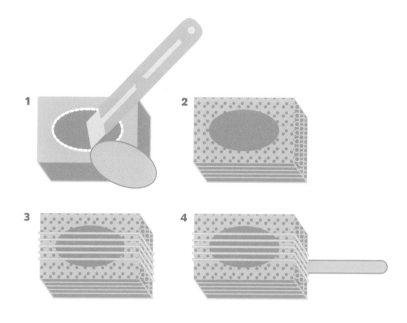

④ 길고 납작한 막대나 자를 상자 뒤에 풀로 붙여서 기타의 목을 만들어요. 상자에 붙인 부분을 마스킹 테이프나 덕트 테이프로 보강해요.

⑤ 아이에게 고무 밴드를 퉁겨 소리 내는 법을 보여주세요. 음을 조율하려면 고무 밴드를 더 당기거나 느슨하게 조절한 뒤 테이프로 고정하세요.

⑥ 아이에게 고무 밴드를 리듬감 있게 아래로 쳐서 규칙적으로 박자을 연주하도록 권해보세요.

혹은 아래로 치는 동작과 위로 치는 동작을 조합해 간단한 리듬을 연주할 수도 있어요.

⑦ 아이가 집게손가락으로 고무 밴드를 튕기는 패턴을 만들어내도록 도와주세요. 고무 밴드 여섯 줄을 다 튕길 수도 있고, 몇 줄만 튕길 수도 있어요. 규칙적인 리듬으로 줄을 튕기게 하세요.

더 나아가기

> 아이가 고무 밴드 기타를 만드는 동안 비비 킹, 카를로스 산타나, 장고 라인하르트, 지미 헨드릭스, 파코 데 루치아, 로버트 존슨, 안드레스 세고비아 등 위대한 기타리스트의 음악을 들어주세요.
>
> 더 큰 아이는 코드와 멜로디는 따라 할 수 없더라도 이 음반들을 들으며 리듬을 따라 기타를 쳐보게 하세요.

탬버린을 흔들어요

탬버린은 즐거움을 표현할 수 있는 악기로 잘 알려져 있어요. 보통 원형의 틀에 짤랑이는 작은 쇠붙이가 여러 개 달린 형태를 하고 있으며, 드럼 가죽이 달려 있기도 하고 없기도 합니다. 사각형이나 삼각형의 탬버린은 역사를 통틀어 고대 그리스와 로마로부터 중동에 이르기까지 지중해 지방 전반에 걸쳐 나타납니다. 다양한 음악 장르에서 탬버린을 사용하며, 그리스, 튀르키예, 이탈리아의 민속 음악에서도 자주 들을 수 있습니다. 어린이들은 자신만의 탬버린을 만들고 연주하면서 즐거움과 자부심을 느껴요.

준비물

□ 펀치

□ 단단한 종이 2장 혹은 플라스틱 접시 2개

□ 연필

□ 물감, 스티커, 천 조각

□ 공예용 풀

□ 스테이플러

□ 파이프 클리너 (혹은 빵끈)

□ 딸랑이 방울 6~8개

□ 좋아하는 음반 (탬버린이 있어도 되고 없어도 돼요.)

활동 방법

① 탬버린을 만들기 위한 모든 준비물을 한군데로 모아요.

② 단단한 종이나 플라스틱 접시의 가장자리에 일정한 간격으로 6~8개의 구멍을 뚫어요. 아이가 구멍을 뚫도록 하고 여러분이 도와주어도 됩니다.

③ 첫 번째 접시와 두 번째 접시의 볼록한 면이 마주 보도록 놓아요. 연필로 첫 번째 접시의 구멍 자리를 두 번째 접시에 표시해요. 표시된 자리를 펀치로 뚫어요.

④ 아이가 물감, 스티커, 천 조각으로 두 접시의 바깥 부분을 꾸미게 하고 도와주세요.

⑤ 딸랑이 방울에 파이프 클리너나 빵끈을 끼우는 방법을 아이에게 보여주세요. 각 끈의 끝부분을 비틀어 묶어주세요.

⑥ 다 꾸며진 두 접시를 볼록한 면이 마주 보도록 놓고 방울을 단 파이프 클리너나 빵끈을 각 구멍에 꿰어요. 각 끈을 뒤로 젖혀서 비틀어 고정해주세요. 여러분이 하는 작업을 아이가 도와줄 수도 있어요.

⑦ 아이에게 탬버린을 흔들어 소리 내는 법을 보여주세요. 처음에는 아이가 탬버린을 자유롭게 흔들게 하다가, 리듬을 만들어보세요.

⑧ 두 번째 테크닉으로, 탬버린의 중앙부를 치면 아까와는 다른 '짤랑' 소리가 난다는 것을 아이에게 보여주세요.

⑨ 차이콥스키의 〈호두까기 인형 모음곡〉 중 '러시아 춤'과 같은

음악에 맞춰 탬버린을 연주해보세요. 탬버린을 두드리거나 높이 들고 자유롭게 흔들어서 규칙적인 박자, 혹은 반복되는 리듬 패턴을 연주해요. 아이에게 여러 동작을 먼저 보여주고, 아이가 혼자 시도해보게 하세요.

더 나아가기

대중음악의 유명한 탬버린 연주자들을 찾아 그들의 연주를 보고 들어요. 플리트우드 맥의 스티비 닉스, 몽키스의 데비 존스, 롤링 스톤스의 믹 재거가 그 예시입니다.

탬버린의 사촌 격인 판데이루(포르투갈, 브라질), 리크(아프리카,아랍권), 다프(중동) 연주도 찾아 들어보세요.

인형의 노래

이 활동은 아이가 상상의 나래를 펼쳐 특별한 캐릭터를 직접 만들어 볼 멋진 기회입니다. 이야기와 노래를 통해 인형에 생명력을 불어넣고 인형이 먼저 시범을 보이게 함으로써 아이에게 새로운 기술이나 행동을 가르칠 수 있습니다. 아이들은 인형을 바라보고 인형의 이야기에 귀 기울이기 좋아합니다. 또한 아이들이 스스로 인형을 조종하면서 캐릭터를 생동감 있게 표현할 때는 손과 눈의 협응이 발달하는 효과가 있습니다.

준비물

☐ 가위와 풀, 단추 2개

☐ 빨간색이나 분홍색 부직포 혹은 천

☐ 오래된 긴 양말이나 일반 양말

☐ 양말과 다른 색상의 여분의 천

☐ 펜이나 연필

☐ 재미있는 음악. 230쪽의 추천 목록을 보세요.

☐ 224쪽의 워크시트 1

□ 225쪽의 워크시트 2 (선택 사항)

활동 방법

① 아이에게 우리의 노래와 활동에 함께 참여할 인형을 만들 거라고 설명해주세요. 부직포를 양말의 발바닥 크기만 한 타원으로 오리세요. 타원은 양말의 발가락부터 발꿈치까지 전체를 덮을 수 있어야 합니다. 이 부분이 인형의 입이 될 거예요.

② 여분의 천에서 작은 삼각형 두 개를 오려요. 이 삼각형들은 인형의 귀 부분이므로 최대한 크기가 같게 해주세요. 코가 될 작은 원도 오려주세요.

③ 양말을 돌려서 눈을 붙일 자리를 연필로 표시하세요. 코 조각에 풀을 발라 양말의 발가락 부분에 붙여요. 그리고 연필로 표시해둔 자리에 단추 두 개를 붙여요.

④ 이제 귀를 눈 바로 뒤에 풀로 붙여요. 입도 양말의 발바닥 부분에 풀을 발라 붙여요. 아이에게 여러분이 무엇을 하고 있는지 잘 보여주면서 한 번에 한 가지씩 진행하세요. 아이가 부직포 조각을 자르고 붙이는 것을 도와주세요.

⑤ 이제 인형이 완성되었습니다. 아이에게 손을 인형 속에 넣고 인형에게 이름을 지어주라고 하세요. 인형이 말하는 것처럼 조종하는 법을 먼저 보여주세요. 그리고 아이에게 인형이 어떤 소리를 낼 것 같은지 물어보세요.

⑥ 아이가 인형을 움직이고 말하게 하는 것에 익숙해지면, 인형이 어떤 노래를 좋아할 것 같은지 아이에게 물어보세요. 아이에게 익숙한 노래를 틀어주고, 인형이 노래하듯이 노래를 불러보라고 말해주세요. 여러 가지 다른 노래로 시도해보세요. 아이가 보고 따라 할 수 있도록, 여러분의 인형을 가지고 여러 목소리와 동작을 사용해 시범을 보이세요.

TIP

만약 아이가 좋아하는 동물이나 캐릭터가 있다면, 인형을 그것과 비슷하게 만들어보세요. 비슷한 색의 천을 쓰는 것도 한 방법이 될 수 있어요. 어린이들은 인형이나 장난감을 친구이자 멘토로 여기는 경우가 많으므로, 아이들이 우러러보고 편안하게 느낄 수 있는 캐릭터를 만드는 것이 중요합니다.

더 나아가기

> 만약 아이가 어리다면, 아이는 여러분의 인형만 바라보고 상호작용을 할 수도 있어요. 그런 경우 아이가 인형에게 질문을 하고 몸짓도 하면서 대화를 나눌 수 있게 도와주세요. 또한 아이는 워크시트 2(225쪽)의 더 작은 인형을 오려내어 사탕 막대에 붙여서 함께 노래 부르고 춤출 수 있어요.

13

무지개를 그려주세요

아이들은 그림 그리기를 좋아해요. 여러분이 고른 음악에 맞춰 진행되는 이번 활동에서 아이는 자신이 세상에서 가장 큰 그림을 그리고 있다고 상상할 거예요. 이 활동은 대근육 운동 기술을 사용합니다. 대근육은 몸을 흔들거나, 점프하거나, 폴짝 뛰는 데 사용되지요. 대근육 기술은 우리의 소근육 운동 기술과도 나눌 수 없는 관계에 있습니다. 소근육은 쓰기, 바느질하기, 타이핑하기 등의 활동과 연관이 있어요. 대근육과 소근육은 서로의 발달에 영향을 미치기 때문에 어느 한쪽도 소홀히 할 수 없습니다.

준비물

□ 붓 2개 (클수록 좋아요.)

□ 음악

TIP
이 활동에서는 음악을 한 곡만 틀지 말고 템포가 다른 여러 곡을 고르세요.

활동 방법

① 붓을 하나 들고 아이에게 엄청나게 큰 그림을 그리는 시늉을 할 거라고 말해주세요. 붓을 가지고 취할 수 있는 여러 가지 동작을 아이에게 보여주세요. 붓을 위아래, 양옆으로 움직이거나 원을 그리는 동작을 할 수 있어요. 까치발을 하고 붓을 높이 들 수도 있고, 바닥 가까이 몸을 낮출 수도 있지요. 붓질을 길게, 혹은 짧게 할 수도 있고, 지그재그나 점무늬처럼 여러 패턴을 그릴 수도 있어요.

② 아이에게 다른 붓을 주고 여러분의 동작을 따라 하게 하세요. 붓이 하나밖에 없다면, 붓을 아이에게 건네주고 여러 동작을 해보게 하세요.

③ 음악 한 곡을 고르세요. 아이가 골라도 됩니다. 아이에게 이번에는 그림 그리는 동작을 반복하되, 음악의 템포에 맞춰 움직여야 한다고 설명해주세요.

④ 아이가 음악에 맞춰 움직이는 데 자신감이 생기면, 마치 캔버스의 한쪽 끝에서 다른 쪽 끝까지 매우 긴 줄무늬를 그리듯이 발을 움직여보라고 하세요.

더 나아가기

날씨가 따뜻하다면 야외에서 활동을 진행해도 좋습니다. 물
감 역할을 할 물 양동이를 준비해요. 아이는 붓을 물에 담그
기도 하고 그림 그리는 동작도 할 수도 있어요.

워크시트 4(228쪽)를 활용해 작품을 그려보세요.

음악적으로 색칠해요

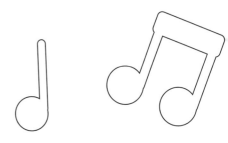

색칠하기는 아이의 마음을 차분하게 하며, 즐거움을 줄 뿐 아니라 손의 힘과 소근육 및 시지각을 발달시키는 데에도 도움이 됩니다. 이번 활동에서 아이는 흥미로운 여러 악기에 대해 배우고 색칠합니다. 아이가 악기 색칠에 몰두하고 있을 때 오케스트라로 연주한 곡들을 들려주면 그 즐거움은 두 배가 될 거예요.

준비물

☐ 투사지
☐ 색연필
☐ 색칠할 종이
☐ 가위

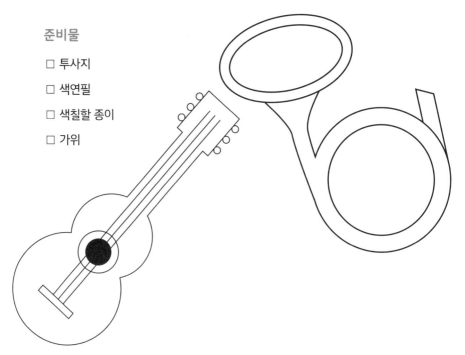

활동 방법

① 이 페이지에 그려져 있는 악기들의 이름을 아는지 아이에게 물어보세요. 아이가 각 악기가 어떤 소리를 내는지 알 수도 있어요.

② 투사지를 꺼내요. 밴드를 만들기 위해 악기를 그릴 거라고 아이에게 설명해주세요.

③ 아이가 천천히, 조심스럽게 선을 따라 그려보도록 하세요. 악기마다 다른 색깔을 사용해요. 아이가 아직 어리다면 여러분이 선을 따라 그린 후 아이가 그 속에 색을 칠하게 하세요.

TIP

아이가 악기와 친숙해졌으면, 트럼펫이나 하프와 같은 다른 악기들을 그려 상상의 오케스트라를 만들어보게 하세요.

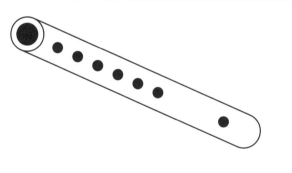

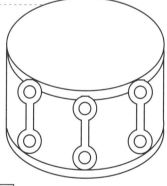

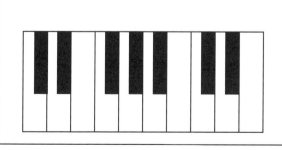

4장

음악에 맞춰 움직이기

아이들은 자라나는 자기 몸을 보고 경이로워하지만, 몸을 통제하려고 애쓰는 과정에서 큰 좌절감을 느끼기도 합니다. 이번 장에서는 아이들이 성취감을 맛보고 동작의 자유로움을 느낌으로써 좌절감을 극복하도록 도와줍니다. 앞장의 '음악과 노래'에 이어 '음악과 움직임'을 주제로 하는 이번 장에서는 직접 만든 악기로 연주하는 비트 대신 틀어 놓은 음악의 박자에 맞춰 온몸을 움직이거나 정해진 춤동작을 반복하게 됩니다. 이번 장의 활동은 아이의 상상력과 끝없는 창조성을 자극하는 데 중점을 둡니다.

1

자연 찬가

어린이가 자연을 가까이하게 하는 것이 요즘의 추세입니다. 자연에 대해 배우고 즐기는 방법은 다양합니다. 공원에서 가족과 산책하다 보면 꽃, 나무, 덤불, 곤충, 동물에 관한 질문이 자연스레 떠오르지요. 자연 속 소리를 듣고 자연에 대한 노래와 챈트를 배우며 물결이나 파도의 움직임에 맞춰 노래를 부르는 등, 음악도 자연을 경험하는 일의 한 부분이 될 수 있습니다.

준비물

☐ 자연의 소리

☐ 시

TIP

산책할 때 길의 상태를 잘 살피고, 단 한 시간의 산책이라도 물, 간식, 여벌의 옷 등을 챙기세요. 아이에게서 눈을 떼지 마세요. 아이가 너무 앞서가거나 뒤처지지 않게 하세요.

활동 방법

① 아이와 함께 숲이나 도심 속 공원으로 산책하러 가요. 5분간 조
  용히 서서 들려오는 소리에 귀 기울여요. 아이와 함께 몇 가지
  소리가 나는지 세어 보고, 어디서 나는 소리인지 알아보세요.
  나무 사이를 스치는 바람, 새, 다람쥐 같은 동물들, 멀리 흐르는
  강이나 폭포 등에서 찾을 수 있답니다. 산책을 계속하면서 여러
  장소에서 이 게임을 해보고, 여러 소리를 비교해보세요.

② 공원이나 숲, 혹은 물가를 걸으면서 걸음걸이의 리듬에 주목해요. 걸음의 속도를 달리하면서, 아이와 함께 각 걸음의 리듬과 자연스럽게 맞는 노래를 불러요.

③ 숲에서 소리를 낼 수 있는 물건을 찾아요. 여러 모양과 크기의 막대로 나무둥치를 두드려 리듬을 연주하거나, 돌로 다른 돌이나 기타 물체를 두드릴 수 있어요.

④ 물에서 음악적 영감을 얻어요. 시냇물을 따라 걸으면서 자갈을 던지거나, 연못에 돌을 던져 물수제비를 뜨거나, 카누나 보트를 빌려 노를 젓거나, 낚시를 하거나, 개구리를 잡을 수 있어요. 이렇게 즐거운 활동을 하면서 어떤 노래가 자연스럽게 떠오르는지 보세요. 〈여름 냇가〉, 〈올챙이와 개구리〉 등이 생각날 수 있어요.

몸을 흔들게 하는 음악

몸을 흔드는 것처럼 기분 좋은 일은 없어요. 공원이나 운동장에서 그네를 탈 때, 8분의 6박자 노래의 두 박자 리듬을 탈 때 그런 기분을 느끼죠. 이 스윙 리듬(한 마디에 여덟 비트가 아닌 여섯 비트만 연주되는 리듬)은 동요, 챈트, 노래에서 많이 쓰이며, 이 리듬을 들으면 음악을 즐기며 몸을 좌우로 흔들게 됩니다.

준비물

☐ 공원의 그네

☐ 드럼과 드럼 스틱 (혹은 냄비와 숟가락)

활동 방법

① 아이와 함께 공원에 가서 즐겁게 그네를 탑니다.

② 집으로 돌아와서, 그네를 탄다고 가정하고 그네를 타고 내려오는 느낌(첫 비트)과 올라가는 느낌(두 번째 비트)을 상상해보세요. 8분의 6박자 리듬으로 '1, 2, 3, 4, 5, 6'을 셉니다. 1에 한쪽

으로, 2에 다른 쪽으로 움직이는 식으로 좌우로 몸을 흔들어요.(숫자를 빠르게 세고 있다면 1과 4에 움직이세요.)

③ 드럼과 드럼 스틱 두 개(혹은 냄비와 숟가락 두 개)를 가지고 8분의 6박자의 흔들리는 움직임을 연주해요. 드럼 스틱을 빠르게 움직이고 드럼으로는 더 느린 박자을 연주하면, 옆 페이지에 있는 패턴과 같은 소리가 날 거예요.

④ 8분의 6박자인 노래들을 부르면서, 1과 4의 강박을 느끼기 위해 몸을 앞뒤로 흔들어 보세요.(속도가 느리다면 1과 2에 움직이세요.) 노래를 부르며 노래에 맞춰 몸을 흔들어요.

드럼 스틱(숟가락)	/	/	/	/	/	/
	1	2	3	4	5	6
드럼(냄비)	●			●		

더 나아가기

스윙 리듬의 곡을 찾아보세요. 특히 아일랜드의 지그, 바로크 시대의 무곡, 뱃노래, 멕시코의 민요인 송 하로쵸 등을 참고하세요. 음악을 들으면서 아이와 함께 양옆으로 몸을 흔들며 춤을 추세요.

노래 부르기

4단계의 활동을 진행할 때 다음 노래를 불러보세요.

Here we go 'round the mulberry bush,
우리는 뽕나무 숲을 돌아간다네

the mulberry bush, the mulberry bush.
뽕나무 숲, 뽕나무 숲

Here we go 'round the mulberry bush,
우리는 뽕나무 숲을 돌아간다네

so early in the morning.
아침 일찍부터

The farmer in the dell, the farmer in the dell.
골짜기의 농부, 골짜기의 농부

Heigh-ho, the derry-o, the farmer in the dell.
헤이-호, 데리-오, 골짜기의 농부

3

음악 소품 상자

이번 활동에서 아이들은 좋아하는 역할 놀이를 마음껏 하면서 춤동작을 배웁니다. 이 춤의 영감은 소품 상자에서 고른 특정 계절의 옷에서 얻어요. 우리는 그 계절과 어울리는 음악을 쓸 거예요. 즐겁게 춤을 추는 동안 아이는 우리가 계절에 맞는 옷을 입는다는 것을 알게 됩니다.

준비물

☐ 큰 상자나 수납함

☐ 계절별 옷과 잡화: 장화, 우산, 선글라스, 여름 모자, 겨울 모자, 목도리, 점퍼, 재킷 등

☐ 움직이고 춤출 수 있는 넓은 장소

☐ 계절을 반영한 음악 작품. 예시로 베토벤의 〈전원 교향곡〉(날씨의 변화와 여름의 비가 폭풍우로 발전하는 모습을 어떻게 묘사했는지 들어보세요), 차이콥스키의 〈호두까기 인형 모음곡〉 중 '눈송이의 춤' 등이 있습니다.

활동 방법

① 앞에 상자나 수납함을 놓고 아이와 함께 앉아요. 여기에 아이가 고르는 옷을 담을 거예요. 아이에게 계절이 생각나게 하는 옷과 소품을 고를 거라고 설명해주세요.

② 아이에게 계절을 하나 고르게 하세요. 예를 들어 아이가 여름을 고르면, "여름 날씨는 어떠니?", "여름에는 어떤 활동을 하지?"라고 물어보세요. 아마 아이는 여름 날씨는 화창하고 더우며, 여름에는 휴가를 간다고 대답할 거예요.

③ 이제 아이에게 여름에 어떤 옷을 입는지 물어보세요. "햇살이 강할 때 우리를 보호하려면 어떻게 해야 하지?" 아마 아이는 "모자와 선글라스를 써요"라고 대답할 거예요. 아이에게 모자와 선글라스를 찾아보라고 하고, 찾은 물건을 수납함에 넣어요. 이 물건들은 여름을 상징합니다.

④ 이제 다른 계절을 골라 같은 과정을 반복해요. 그 계절의 날씨, 그 시기에 어울리는 활동과 옷차림 등에 대해 아이에게 질문해요. 모든 계절에 대해 이렇게 반복하고 나면 수납함은 각 계절을 상징하는 물건으로 가득 찰 거예요.

⑤ 아이에게 계절을 하나 고르게 하고, 그 계절을 상징하는 물건들을 착용해요. 예를 들어, 여름을 골랐으면 모자와 선글라스를 써요. 아이에게 눈을 감고 따뜻한 햇볕을 쬐며 모래밭에 서 있다고 상상해보라고 하세요. 이제 눈을 뜨고, 모래밭을 가로질러 달려가서 발가락을 적시는 바닷물의 차가움을 느껴보라고 하세요. 아이가 이 연속적 동작에 익숙해질 때까지 여러 번 반복하게 하세요. 일단 동작의 순서를 완전히 익히고 나면, 거기에 어울리는 음악을 추가해요. 다른 계절에 대해서도 같은 과정을 반복해요.

★ 계절별 활동

봄: 연날리기, 비, 물웅덩이 사이로 춤추기, 봄의 징후 찾기

여름: 해변에서 보내는 휴가, 캠핑, 비밀의 아지트 만들기

가을: 과일 따기, 낙엽 사이로 춤추기, 밤 줍기

겨울: 눈사람 만들기, 새에게 모이 주기, 눈썰매 타기

더 어린아이의 경우 처음에는 계절 한두 개로 시작해 서서히 네 개로 늘려 나가요.

날씨에 따라 장화를 신기도 하고 맨발로 다니기도 하는 것처럼, 기온에 따라 우리의 옷차림과 행동이 어떻게 변하는지 아이가 생각해보게 하세요.

더 나아가기

아이가 연속 동작의 순서를 완전히 익히고 나면, 동작에 어울리는 이야기를 지어보세요. "너는 바닷가로 소풍을 갔어. 해변을 걷다가 동굴에서 보물을 발견했지" 이야기에 어울리는 소품이 추가로 필요할 수도 있어요.

퍼레이드 음악

퍼레이드는 공휴일이나 특별한 행사를 기념하는 축하 행렬을 뜻해요. 아이들은 퍼레이드를 구경하며 흥분하고 즐거워해요. 퍼레이드 음악을 들으면 신나서 활기차게 뛰고 점프하게 되지요. 행진 악대가 없이는 퍼레이드도 없어요. 의상을 갖춰 입은 드럼 연주자, 댄서, 화려하게 장식된 자동차, 트럭, 소방차, 의기양양하게 걷는 말들이 행진하지요. 목관 악기, 금관 악기, 타악기로 연주하는 음악은 행렬이 걷는 속도를 결정하고 모든 것을 전진하게 합니다.

준비물

☐ 온갖 종류의 재미있는 악기들: 장난감 트럼펫, 장난감 플루트, '진짜' 딸랑이, 막대, 드럼, 대여한 바이올린과 호른

☐ 음악적인 소리를 낼 수 있는 일상의 물건들: 나뭇가지, 돌, 자전거 벨, 플라스틱 양동이와 삽

활동 방법

① 어린이들과 함께 악기를 모아요. 아이들에게 악기를 두드리거나 불거나 흔들거나 퉁겨 소리 내는 법을 보여주세요. 아이들도 자유롭게 악기를 연주하며 그 속성을 탐색해보고, 소리를 잘 내려면 어떻게 해야 하는지 알아보게 하세요. 짧은 리듬을 같은 음정, 같은 음색으로 연주하거나 일정한 박자을 여러 음정으로 연주하는 등 아이들이 제법 소리를 내는 것 같으면, 각 어린이에게 그 소리를 반복해서 내보라고 하세요.

② 이번에는 일상의 물건으로 내는 소리로 퍼레이드 음악을 만들어보아요. 돌과 나뭇가지는 흥미로운 소리를 냅니다. 어린이들은 돌 두 개, 혹은 나뭇가지 두 개를 여러 가지 다른 방식으로 부딪혀보고 싶어 할 거예요. 자전거 경적이나 거꾸로 뒤집어 놓은 플라스틱 양동이와 삽 등 다른 물건으로도 소리를 내보세요.

③ 짧은 리듬을 하나 만들어 어린이들이 함께 반복해서 연주하
게 해요.

④ 처음에는 제자리에서 연주하고, 다음에는 어린이들을 이끌고
음악에 맞춰 움직이며 연주해보세요. 원형이나 사각형을 그리
며 걷기도 하고, 운동장 한쪽 끝에서 다른 쪽 끝까지 뻗은 가상
의 선을 따라 걸어도 보아요. 어린이들이 즐겁게 연주하면서 행
진하게 하세요. 무언가를 기념하거나 축하하면서 행진할 수도
있고, 그냥 즐거워서 할 수도 있어요.

흔들어요

어린이들은 그루브를 자연스럽게 알고 있습니다. 비록 그루브가 무엇인지 설명하지는 못하지만, 드럼과 베이스 기타 연주 같은 강한 리듬의 음악이 들려오면 비트에 맞춰 움직이려고 하지요. 그루브는 짧은 리듬 패턴으로, 재즈, 레게, R&B, 힙합 등 폭넓은 음악에서 들을 수 있습니다.

준비물

☐ 리듬이 강렬한 곡

활동 방법

① 다양한 아티스트와 다양한 장르의 리듬이 강렬한 곡들을 모아놓아요. 아이와 한 곡씩 들으면서, "이 곡을 들으면 리듬에 맞춰 몸을 움

직이고 싶니?"라고 물어보세요. 대답이 "네"라면 그 트랙을 따로 분류해놓습니다.

② 자리에 앉아서 곡을 들으며 무릎에 비트, 혹은 반복되는 짧은 리듬을 칩니다.

③ 춤출 수 있는 공간을 마련해요. 아이와 함께 몇 가지 동작을 해보세요. 발은 바닥에 붙이고 고개를 끄덕이는 것으로 시작해요.

④ 다음에 소개된 것처럼 그루브를 타보세요. 여러분이 먼저 해보고 아이가 따라 하도록 말해주세요.

★ 하늘 높이: 몸을 길게 쭉 펴고 머리를 까딱거려요.

★ 아래로: 무릎을 반쯤 굽혔다 폈다 해요.

★ 통통 튀기: 한 자리에서 점프하거나 앞으로 살짝 뛰어요.

⑤ 그루브 음악에 맞춰 이 동작을 해보세요. 새로운 동작을 만들어도 좋아요. 반복되는 그루브 리듬이 어떻게 동작의 패턴에 영향을 주는지 관찰해보세요.

TIP

바닥에서 장난감과 그 밖의 물건들을 치우세요.
작은 카펫 또한 미끄러질 수 있으니 치워놓습니다.

나뭇가지와 음악

이번 활동에서 사용하는 나뭇가지는 나무에서 떨어진 나무 조각 중 너무 크거나 작지 않은 크기의 막대기를 말해요. 아이들은 나뭇가지로 흙에 그림을 그리거나 칼싸움 하거나 낚시 하지요. 작은 바위 같은 것을 땅에서 파내는 데 사용하기도 해요. 나뭇가지를 음악의 영역으로 가져와서 음악 놀이를 할 수도 있답니다.

준비물

☐ 다양한 모양과 크기의 나뭇가지

활동 방법

① 아이와 함께 나뭇가지를 가지고 어떤 소리를 낼 수 있는지 실험해요. 나뭇가지로 여러 다른 표면을 두드려 보고, 나뭇가지끼리 부딪쳐보고, 두 조각으로 부러뜨려보고, 나뭇가지 두 개를 서로 문질러도 보세요. 다양한 소리를 내기 위한 방법을 몇 가지나 생각해낼 수 있나요? 아이와 함께 세보세요.

② 나뭇가지로 내는 소리 패턴을 돌아가서 서로 따라 해보세요. 여러분이 먼저 나뭇가지로 한 가지 패턴을 두드리고(예시: 긴-긴-짧은-짧은-긴), 아이가 따라 하게 하세요. 매번 패턴의 길이를 늘여가요. 아이가 얼마나 길게 기억할 수 있는지 확인해보세요. 그런 다음 역할을 바꾸어 아이가 먼저 패턴을 만들게 하세요. 아이의 패턴이 논리적이지 않아 보여도 걱정하지 마세요. 여러분이 모방할 수 있는 무언가를 창조해낸다는 간단한 행위가 아이의 창작을 자극합니다.

③ 흙을 찾아 알맞은 크기의 나뭇가지로 길고 구불구불한 선을 그려요. 선이 움직이는 대로 목소리 높이를 올렸다 내렸다 하면서

선의 윤곽을 목소리로 표현해보세요. 여기에는 단어가 필요하지 않아요. '아' 소리만으로도 충분합니다.

④ 아이들은 드럼 치기를 좋아해요. 비슷한 길이의 나뭇가지 두 개를 찾아요. 아이의 팔꿈치부터 손가락 끝까지의 길이 정도면 적당합니다. 아이를 땅바닥에 앉히고 나뭇가지로 드럼을 치듯 마음껏 바닥을 두드리게 해요. 아이의 본능을 따라 있는 힘껏 땅을 두드리고 난 뒤, 아이가 강도를 달리해 세게-여리게-세게의 패턴으로 두드릴 수 있는지 확인해보세요.

더 나아가기

우리는 클래식 음악의 지휘자들이 지휘봉을 들고 오케스트라를 지휘하는 것을 볼 수 있습니다. 아이가 지휘자가 되어보게 하세요. 동물 인형을 줄 맞추어 세워놓고 음악을 틀어요. 아이가 나뭇가지를 흔들며 자신의 '오케스트라'를 지휘하는 모습을 지켜보세요.

바깥에서 춤추기

야외로 나가서 부드러운 잔디 위에서 창의적으로 춤을 추는 것은 큰 해방감을 줍니다. 음향 시스템이 있지 않은 한 야외 공간에서는 어쿠스틱 음악에 맞춰 춤을 추게 됩니다. 혹은 음악 없이 여러분과 아이가 내면에서 자연스럽게 느끼는 음악적 리듬에 맞춰 춤을 춰 볼 수도 있어요.

준비물

☐ 탁 트인 공터
☐ 스카프나 리본 등 흐름을 표현할 수 있는 물건

활동 방법

① 춤을 추기 전 스트레칭을 해요. 아이와 돌아가며 스트레칭 동작을 제안하고 서로 따라 해보세요.

② 여러 가지 춤동작을 제안해요. 이번에도 여러분이 먼저 시범을 보이면 아이가 따라 하는 방식으로 해보세요. 발을 높이 들거나 낮게 들고 걷거나 제자리걸음을 하면서, 팔을 높이 들 때는 넓게 벌렸다가 내릴 때는 상체에 붙이는 동작을 만들어보세요. 어깨, 가슴, 배, 무릎, 발가락을 만져요. 손뼉 치고 토닥거려요.

③ 옆으로 그리고 뒤로 스텝을 밟아요. 처음에는 천천히 하다가 나중에는 속도를 내세요. 오른쪽으로 돌고 다음에는 왼쪽으로 돌아요. 몸을 낮게 숙였다가 높이 뻗으세요. 몸을 비틀고 회전해요. 똑바로 걷다가 삐뚤삐뚤하게 걸어요. 피곤한 듯 걷다가 활기차게 걸어요. 원, 사각형, 8자를 그리며 걸어요. 거인처럼 발을 구르고, 쥐처럼 걸어요. 눈이나 진흙 웅덩이, 혹은 깊은 물 속으로 발을 내딛듯이 걸어요.

④ 함께 움직이는 법을 탐색해보아요. 한 손 혹은 두 손을 맞잡고 앞으로, 옆으로, 뒤로 스텝을 옮겨요. 함께 몸을 돌리고, 따로 돌리고, 다시 함께 제자리로 돌아와요.

⑤ 가만히 선 상태에서 물이 흐르는 소리, 나무를 스치는 바람 소리, 새소리 등 자연의 소리를 들어요. 소리에서 연상되는 동작을 해보세요.

⑥ 스카프나 긴 리본을 손목, 허리, 어깨에 묶어요. 이들 소품은 춤의 속성과 흐름에 영향을 줍니다.

TIP

아이가 걸려 넘어질 수 있으니 너무 길지 않은 물건으로 준비해요.
지면이 평탄하고 부드러운 잔디가 촘촘하고 푹신하게 깔린 장소가 춤추기에
적합합니다. 동선을 방해하는 바위나 길이 없고 차도에서 멀리 떨어진 곳이
좋습니다.

더 나아가기

음악을 틀 수 있다면 음악에 맞춰 즉흥적으로 자유롭게 춤을
춰보세요. 곡의 박자는 동작의 빠르기를 결정하고, 셈여림과
음악의 스타일은 동작의 성격에 영향을 줄 것입니다. 반복되
는 멜로디와 리듬을 듣고 찾아보세요. 반복되는 부분에서는
동작도 반복하게 됩니다.

발을 통해 느껴요

몬테소리는 관찰을 통해 유아들이 만 7세 이전까지 감각이 예민하다는 사실을 알아내고, 이에 근거해 몬테소리 교구를 만들었습니다. 이번 활동은 감각 댄스로, 아이의 촉각을 이용합니다. 여러 가지 질감의 카펫을 만들어 그 위에서 춤을 추고, 눈을 감고 발의 감각으로 카펫의 소재를 맞춰볼 거예요.

준비물

□ 질감이 다른 4~6개의 직물: 러그, 욕실용 매트, 쿠션, 에어캡, 담요, 현관 매트

□ 다양한 음악

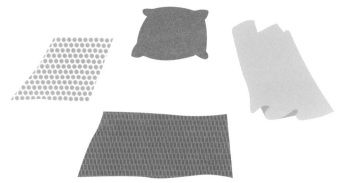

활동하는 공간을 잘 치워서 아이가 무엇인가에 부딪힐지도 모른다는 걱정을 하지 않게 해주세요.

더 어린아이의 경우 세 가지 질감으로 시작해서 천천히 여섯 개까지 늘려 나가요.

활동 방법

① 아이와 함께 여러 질감의 물건들을 둥글게 펼쳐 놓아요. 아이가 점프할 수 있도록 물건 사이에 충분한 공간을 둡니다.

② 아이가 여러 표면 위를 걸으면서 서로 다른 질감을 느껴보게 하세요.

③ 음악을 틀고 서로 다른 표면 위로 걸어 다니는 모습을 보여주세요. 아이가 여러분을 따라 하면, 이어서 다른 동작도 시도해보세요. 발가락 끝으로 이리저리 걸어 다니기도 하고, 넓은 보폭으로 걷기도 하고, 뒤로 움직이다가 앞으로 움직이기도 해요.

④ 아이가 표면을 옮겨가며 잘 다니게 되면, 이번에는 눈을 감고 똑같이 해보자고 하세요. 아이가 자신 없어

하면 손을 잡고 이끌어주겠다고 해요.

⑤ 아이가 눈을 감은 채 한 표면에서 다른 표면으로 옮겨갈 때마다 음악을 멈추고 표면의 소재를 맞추게 해요. 아이가 잘 모르겠다고 하면 어떤 소재들이 있는지 조금씩 알려주세요.

더 나아가기

야외에서 이 활동을 해보세요. 잔디, 모래, 흙, 낙엽 같은 자연의 질감을 이용해요.

공기처럼 가벼워요

생일과 파티를 생각나게 하는 밝은 색상의 풍선들은 언제나 아이들을 매혹하지요. 특히, 천천히 오르내리는 풍선의 움직임 덕분에 아이들은 자신 있게 풍선을 던지고 잡을 수 있어요. 이번 활동에서는 음악에 맞춰 풍선을 잡아보아요.

준비물

☐ 풍선

☐ 음악

TIP

공중을 떠다니는 풍선의 가벼움과 비슷한 느낌의 음악을 골라요.

활동 방법

① 풍선을 불어 끝을 묶어요. 활동 공간에서 걸려 넘어질 만한 물건을 모두 치워요.

② 아이에게 제자리에서 풍선을 던지고 받는 법을 보여준 후에 풍선을 건네주고 똑같이 해보게 하세요. 이제 아이가 풍선을 비스듬히 위로 던져서 풍선을 쫓아 돌아다니게 하세요.

③ 이제 풍선을 잡는 대신 손바닥으로 통통 튀겨 풍선이 계속 공중에 떠 있게 하는 법을 아이에게 보여주세요.

④ 아이가 모든 동작을 익히고 나면, 음악을 틀고 아이가 음악이 끝날 때까지 풍선이 떨어지지 않게 할 수 있는지 확인해보세요.

더 나아가기

이 활동은 풍선 두 개로 할 수도 있어요. 또는 친구를 초대해 세 명이 네 개의 풍선을 떨어뜨리지 않는 놀이도 해보세요.

서커스 줄타기

몬테소리는 유아에게 균형잡기 능력을 시험해보고픈 욕망이 있다는 것을 알아냈습니다. 그래서 아이들은 바깥에 나갔을 때 벽의 가장자리를 따라 걸으며 균형을 잡아보지요. 여러분의 자녀들에게서도 그런 모습을 볼 수 있을 거예요. 몬테소리는 아이의 신체 발달에서 균형감이 필수적 요소임을 알았습니다. 그래서 아이의 균형감을 발달시키기 위한 다음 활동을 고안했습니다. 여기서는 해당 활동에 음악을 더해 소개합니다.

준비물

☐ 분필이나 2미터 길이의 줄
☐ 사과나 오렌지 2개
☐ 책
☐ 작은 종

TIP ------------------------------

아이가 각 단계의 동작을 완전히 익힌 후에 다음
단계로 진행하세요.

활동 방법

① 분필로 2미터 정도의 선을 긋거나 줄을
   일직선으로 펼쳐 놓아요.

② 팔을 활짝 펼치고 좁은 보폭으로 줄 위
   에서 걷는 법을 아이에게 보여주세요.
   아이도 똑같이 해보게 하세요. 다시 시
   범을 보이되, 이번에는 앞으로 갔다가
   뒤로도 가보세요. 아이도 똑같이 해보
   게 하세요.

③ 아이가 동작들을 다 익히고 나면 음악
   에 맞춰 걸어봅니다. 처음에는 느린 템
   포의 곡을 고르고, 아이가 자신 있게 걸을 수 있게 되면 더 빠른
   템포의 곡을 선택해요.

④ 발가락 끝으로 걷거나 발꿈치로 걸어보아요. 아이가 줄 한가
   운데까지 가면 멈춰 서서 한쪽 다리로만 서서 균형을 잡게 해
   보세요.

아이가 균형잡기에 완전히 자신감이 붙으면 양손에 사과나 오렌지를 들고 걷기도 시도해볼 수 있을 거예요. 다음으로는 머리 위에 책을 올리고 걸어보고, 마지막으로 종을 들고 걸어볼 수 있어요. 종소리를 내지 않고 걷는 것이 목표예요.

11

손가락 놀이

하루를 보내며 손과 손가락을 얼마나 자주 사용하는지 생각해 본 적이 있나요? 아이에게 손가락과 손의 근육을 발달시킬 기회를 주는 것은 매우 중요합니다. 아이는 이 활동을 통해 아침에 일어나 자마자 손가락을 풀고 하루를 재미있게 시작할 수 있어요. 이를 위해 우리는 〈타자기〉라는 곡을 사용할 거예요.

준비물

☐ 마틴 브라인슈미트Martin Breinschmid와 빈 슈트라우스 페스티벌 오케스트라가 연주한 리로이 앤더슨의 〈타자기〉 (유튜브에서 감상 가능)

TIP

아이가 모든 손가락을 동일하게 사용할 수 있는지 아니면 약한 손가락이 있는지 관찰해주세요.

활동 방법

① 아이에게 오케스트라의 반주에 맞춰 타자기를 연주하는 영상을 보여주세요.

② 타자기는 과거에 편지와 서류를 작성하기 위해 사용되었던 물건이고 오늘날에는 컴퓨터로 대체되었지만, 키보드의 배열은 동일하다고 아이에게 설명해주세요.

③ 이제 우리도 타자기를 치는 흉내를 내볼 거라고 아이에게 말해주세요. 아이가 음악의 박자에 맞춰 칠 수 있는지 확인해 볼 거예요.

④ 영상을 재생하기 전에 아이의 손가락을 풀어요. 새끼손가락부터 집게손가락까지 차례로 말아쥐는 법, 손목을 양방향으로 원을 그리며 돌리는 법을 시범으로 보여주세요. 이제 영상을 재생하고, 어떻게 손가락을 움직이면 되는지 시범을 보여요. 처음에는 영상의 절반만 재생하고, 아이가 타자기 치기 동작에 익숙해지면 영상 전체를 재생해요.

더 나아가기

아이가 곡의 여러 다른 패턴에 익숙해지면, 돌아가며 서로 다른 부분을 연주해보세요. 여러분이 앞부분을 연주하면 아이가 뒷부분을 연주할 수도 있고, 반대로 할 수도 있어요.

스트레칭하고 느끼기

이 활동은 아이가 속도를 늦추고 자신의 움직임에 더 사려 깊게 접근할 수 있도록 합니다. 아이는 매일의 일과를 수행하기 위해 몸의 각 부위가 어떻게 움직이는지, 왜 자기 자신을 잘 돌보아야 하는지를 생각하게 됩니다. 전통적인 요가 동작에서 영감을 얻은 이번 활동은 아침에 하기 좋은 가벼운 운동으로, 지친 몸과 마음을 달래고 하루를 준비할 수 있게 해줍니다.

준비물

☐ 몸을 움직일 수 있는 바닥이 있는 공간. 실내도 좋고, 날씨가 좋은 날은 잔디밭도 좋아요.

☐ 잔잔한 음악. 230쪽의 추천 목록을 참고하세요.

활동 방법

① 아이와 마주 보고 서세요. 두 사람 모두 주변에 충분한 공간이 있고 부딪힐만한 것이 없는지 확인하세요. 아이에게 몸을 깨우기 위한 스트레칭 동작을 할 거라고 설명하세요.

② 제자리에서 몇 번 뛰고 온몸을 털어요. 팔과 다리, 그리고 발을 순서대로 풀고, 아이도 동작을 함께 해요.

③ 아이가 팔을 머리 위로 들고 최대한 하늘 높이 뻗어보게 하세요. 여러분도 함께해요. 이제 양팔로 큰 원을 그려요. 아이에게 손가락 끝까지 쭉 뻗어보라고 하세요. 팔을 앞으로 내려요. 이 동작을 천천히 반복해요.

④ 제자리에서 몇 번 뛰고 온몸을 털어요. 팔과 다리, 그리고 발을 순서대로 풀고, 아이가 동작을 따라 하게 하세요.

⑤ 이번에는 위쪽으로 팔을 뻗었다가 천천히 몸을 구부려 발가락을 만져요. 아이에게 긴장을 풀고 마치 인형이 된 것처럼 팔을 늘어뜨리고 자연스럽게 흔들리게 하라고 말해주세요.

⑥ 이제 바닥으로 내려와 양반다리를 하고 앉아요. 아이에게 긴 막대기가 머리와 등을 받쳐준다고 상상하며 허리를 펴고 앉으라고 말해주세요. 어깨를 펴고 배는 쑥 들어간 상태로 앉아 머리의 긴장을 풀고 앞을 똑바로 보는 자세를 시범으로 보여주세요.

⑦ 아이가 천천히 호흡하도록 도와주세요. 길고 깊게 숨을 들이쉬었다가 크게 내쉬어요. 여러분이 자신감 있게 호흡하면 아이도 자신만의 리듬을 찾는 데 도움이 됩니다.

더 나아가기

낮에 이 활동을 할 때는 '아기 자세'를 추가해보세요. 무릎을
꿇은 자세에서 무릎 사이를 약간 띄우고 엎드려 팔을 앞으로
뻗습니다. 아이의 배는 허벅지 위에, 이마는 바닥에 닿게 됩니
다. 먼저 시범을 보여 아이가 정확한 자세를 보고 알 수 있게
설명해주세요.

이야기를 춤으로 표현해요

어린이들은 이야기를 사랑해요. 이야기를 듣는 것도 좋아하고 이야기 속 캐릭터를 흉내 내는 역할 놀이도 좋아하죠. 이번 활동에서는 〈피터와 늑대〉의 음악을 가지고 이야기 듣기와 역할 놀이 두 가지 모두를 해볼 거예요. 아이는 즐겁게 활동에 참여하면서 이야기가 어떻게 구성되는지 알게 되고, 오케스트라의 여러 가지 악기에 대해서도 배우게 됩니다.

준비물

☐ 알렉산더 암스트과 런던 모차르트 플레이어스가 연주한 프로코피예프의 〈피터와 늑대〉(원제: Prokofiev's "Peter and the Wolf" with Alexander Armstrong and the London Mozart Players, 유튜브에서 감상 가능)
☐ 움직이고 춤출 수 있는 장소

활동 방법

① 아이와 함께 앉아서 〈피터와 늑대〉 이야기를 들어요. 어린아이

의 경우 이야기의 구조를 확실히 파악할 수 있도록 두 번 이상 듣는 것이 좋습니다.

② 아이에게 어떤 캐릭터가 마음에 들었는지 물어보세요. 이야기가 어떻게 시작됐는지, 중간에 무슨 일이 일어났는지, 어떻게 끝났는지 아이에게 질문해서 아이가 다시 이야기해보도록 하세요.

③ 각 캐릭터의 주제 음악을 하나씩 들려주세요. 아이가 새나 고양이 등 캐릭터들이 어떻게 움직일지 상상해서 몸으로 표현해보게 하세요.

④ 아이가 모든 캐릭터의 움직임을 자신 있게 표현할 수 있게 되면, 영상을 재생해 아이가 이야기를 처음부터 다시 들으면서 캐릭터가 등장할 때마다 연기하거나 춤을 출 수 있도록 해주세요. 아이가 이야기에 익숙해지면 질문해보세요. "새는 어떤 악기였지?" "고양이는 어떤 악기였지?"

더 나아가기

캐릭터를 살리기 위해 모자나 가면 같은 소품을 활용할 수 있어요.
야외에서 이 활동을 할 때는 나무 뒤에 숨는 등 자연물을 이용할 수 있어요.
여러 명의 어린이와 함께하기에도 좋은 활동입니다.

TIP

아이가 어린 경우, 이야기를 두 부분으로 나누어 진행하세요. 아이가 각 부분에 익숙해지면 이야기 전체를 한 번에 들려주면서 연기하고 춤추도록 해보세요.

아이가 늑대와 오리의 운명에 대해 걱정스러워하면 아이를 안심시켜주세요.

연잎 점프

개구리는 아이들 사이에서 확고한 인기를 누리고 있어요. 올챙이가 개구리로 성장하는 과정은 아이들의 마음을 사로잡지요. 이번 활동에서는 아이가 연잎에서 연잎으로 열정적으로 뛰어다니게 됩니다. 여기에 사용할 수 있는 개구리와 관련된 음악은 수도 없이 많답니다.

준비물

☐ 여러 장의 연잎이 들어갈 만한 큰 공간
☐ 분필이나 4~6개의 훌라후프
☐ 음악

활동 방법

① 아이와 함께 분필로 연잎을 4~6개 그리거나 훌라후프를 사이사이의 공

간이 있도록 늘어놓으세요.

② 아이에게 분필로 그린 원 혹은 훌라후프는 연못 위의 연잎이고, 아이는 그 위로 폴짝폴짝 뛰어다니는 개구리라고 설명해주세요. 제자리에서 발꿈치를 들고 자세를 낮췄다가 위로 뛰어오르는 동작을 시범으로 보여주세요. 아이도 따라 해보게 하세요.

③ 이제 아이가 같은 동작을 반복하되, 한 연잎에서 다른 연잎으로 점프하게 해보세요. 아이가 자신 있게 점프할 수 있게 되면 음악을 틀어요.

④ 연잎의 개수를 늘리고 연잎 사이의 거리를 더 멀리 띄워 점프의 난이도를 높여보세요.

TIP

아이가 어린 경우 연잎 4개로 시작해서 6개로 차츰 늘려나가요.
훌라후프를 이용하는 경우 아이가 원 중앙에 착지할 수 있도록 시범을 보여주세요. 가장자리에 착지할 경우 미끄러질 위험이 있습니다.
분필도 훌라후프도 없다면 기다란 실을 이용하세요.

더 나아가기

큰아이들은 사방치기를 하듯이 한 발로 뛰기도 시도해볼 수 있어요.

음악 조각상

이번 활동은 아이가 여러 가지 음악에 맞춰 움직일 수 있는 신나는 놀이로서, 특히 그룹으로 진행하기에 적합합니다. 아이는 뛰어다니기와 가만히 서 있기 사이의 다른 점에 대해 생각해볼 수 있고, 독창성과 장난기를 발휘해 조각상으로 변신할 수 있어요.

준비물

□ 돌아다닐 수 있는 공터. 그룹으로 진행하는 경우 아이들이 충돌하지 않을 만큼 충분한 공간이 있는지 확인하세요.

□ 재미있는 음악. 라디오 음악에서 아이들이 좋아하는 만화 주제곡에 이르기까지 어떤 것이든 좋아요.

활동 방법

① 아이에게 '음악 조각상'이라는 게임을 할 거라고 말해주세요. 조각상이 무엇인지 아느냐고 물어보세요. 아마 아이는 자유의 여신상과 같은 유명한 조각상이나 매일 지나다니는 동네의 조

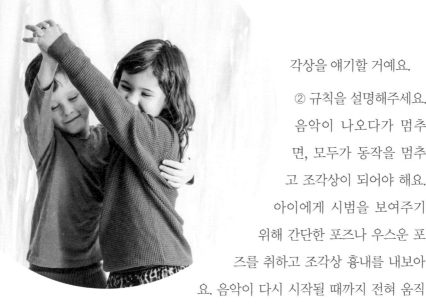

각상을 얘기할 거예요.

② 규칙을 설명해주세요. 음악이 나오다가 멈추면, 모두가 동작을 멈추고 조각상이 되어야 해요. 아이에게 시범을 보여주기 위해 간단한 포즈나 우스운 포즈를 취하고 조각상 흉내를 내보아요. 음악이 다시 시작될 때까지 전혀 움직이면 안 된다고 설명해주세요.

③ 음악을 틀고 아이가 달리거나 춤추게 해요. 음악을 멈추면 아이가 멈추고 조각상이 될 거예요. 아이가 게임을 제대로 이해하고 반응하려면 연습을 몇 번 해야 할 수도 있어요. 게임의 방식에 아이가 익숙해지고 나면, 음악을 멈추고 다시 시작하는 간격을 조절해 더 재미있게 진행해 보세요.

더 나아가기

조각상에 테마를 정해주는 것도 재미있어요. 특히 음악의 주제와 관련된 테마면 더 좋습니다. 만약 동물에 관한 곡이라면, 아이에게 새나 원숭이 조각상이 되라고 해보세요. 만화나 TV 프로그램의 주제곡을 틀고 로봇이나 요정과 같이 아이가 좋아하는 캐릭터의 포즈를 취하게 할 수도 있어요.

길을 따라가요

이 활동은 아이가 춤동작을 배우기 전에 준비 과정으로 하기에 좋은 활동입니다. 아이에게 숫자를 보며 선을 따라가게 하고, 순서에 익숙해지면 숫자를 지웁니다.

준비물

☐ 길을 만들 수 있을 정도로 넓고 분필로 그려도 되는 공간

☐ 분필

☐ 음악

활동 방법

① 분필로 바닥에 숫자 1을 쓰고, 왼쪽에서 오른쪽으로 2~3미터의 화살표를 그립니다. 화살표 끝에 숫자 2를 쓰고, 비슷한 길이의 대각선 화살표를 왼쪽 아래로 그립니다. 숫자 3을 쓰고, 왼쪽에서 오른쪽으로 화살표를 그립니다. 숫자 4를 쓰고, 숫자 1을 향해 대각선 화살표를 그립니다.

② 아이에게 선을 순서대로 따라가서 다시 시작점으로 돌아오는 법을 시범으로 보여주세요. 아이도 시도해보게 하세요. 처음에는 걷기로 시작합니다. 아이에게 자신감이 생기면 폴짝폴짝 뛰기, 발 바꾸어 뛰기, 발가락 끝으로 걷기 등의 동작을 지시할 수 있어요.

③ 음악을 틀고 2번을 반복합니다.

④ 아이가 선의 순서를 다 익혔으면, 숫자와 선을 두 개 이상 추가
해요. 추가하는 선은 직선이 아니어도 됩니다. 원형일 수도 있
고 징검다리처럼 끊어진 선일 수도 있어요. 아이가 모든 선의
순서를 완전히 익히면, 숫자를 다 지우세요. 아이가 여전히 길
을 순서대로 따라갈 수 있는지 보세요.

더 나아가기

아이가 어린 경우 숫자 대신 여러 색깔의 분필을 사용해 각
선을 다른 색으로 칠해요.

아이에게 제일 큰 숫자부터 시작해서 역순으로 따라가게 할
수도 있어요.

더 큰 아이는 스스로 길을 만들어보는 것도 좋아할 거예요.

리듬을 느리게 해요

이 활동은 하루를 마무리하며 잠자리에 들기 전 긴장을 풀기에 좋은 활동입니다. 아이는 몸이 피곤할 때는 휴식을 취할 필요가 있다는 것을 이해하게 됩니다. 또한 자신의 호흡에 집중해보면서, 활동이나 감정에 따라 호흡이 어떻게 변화하는지 알게 될 거예요. 이 기초적인 명상 훈련은 아이가 매일의 스트레스에 잘 대처하도록 돕고 평온함과 자신감을 심어줍니다.

준비물

☐ 누울 수 있는 바닥이나 넓은 소파, 혹은 침대

☐ 마음을 진정시키는 음악. 230쪽의 추천 목록을 보세요.

활동 방법

① 집중을 방해하는 소음이 없는 조용한 장소를 찾아 분위기를 차분하게 해주는 부드러운 음악을 틀어요.

② 편안한 자리에 아이와 함께 앉아요. 아이에게 이제 호흡할 거라

고 설명해주세요. 하루를 보내면서 아이의 몸이 어땠는지, 기분은 어떤지 물어보세요. 몸에게 고마운 마음이 드는지 아이에게 물어보고, 지금은 심호흡해서 몸에게 '고마워'라고 말할 시간이라고 말해주세요.

③ 아이에게 깊이 숨을 들이쉬고 셋을 셀 동안 참은 뒤, 크게 내쉬라고 하세요. 아이가 쉽게 따라 할 수 있도록 시범을 보이되, 아이가 여러분의 숨소리를 들을 수 있도록 크게 숨을 쉬세요. 아이에게 숨을 들이쉬고 온몸의 근육을 긴장시켰다가, 숨을 내쉬며 긴장을 풀어보라고 하세요. 숨을 내쉴 때 크게 '후우'하는 소리를 내세요.

④ 바닥에 등을 대고 눕고 아이도 똑같이 따라 하도록 하세요.(아

이가 따뜻하게 입었는지 확인하세요.) 눈을 감고 구름 위를 떠다니고 있다고 상상하면서 음악을 듣게 하세요. 아이에게 기지개를 길게 켜고 긴장을 풀라고 하세요. 길게 숨을 들이쉬고 천천히 내쉬는 호흡을 기억하라고 하세요.

TIP

이 활동은 잠을 자지 못하거나 자기 싫어하는 아이에게 매우 효과적입니다. 아이가 자기 호흡의 리듬을 발견하는 것이 중요합니다. 숨을 잘 참는지도 확인해주세요.

용어 사전 및
자료 모음

여기에 소개된 자료는 심도 있는 음악 탐색과 본문의 활동을 보조하는 도구로 활용할 수 있습니다.

용어 사전
어린이를 위한 음악 관련 사이트
내가 좋아하는 노래
워크시트
어린이를 위한 음반

용어 사전

비트(beat) 음악의 주요 맥박 혹은 강세.

챈트(chant) 노래와 비슷하지만 길이가 짧은 형식. 노래와 비교해서 사용되는 음이 단조롭다. 노래에는 최소한 4~5개의 음정이 사용되는 반면 챈트에는 2개 정도가 사용된다.

인지 깨닫고 이해하는 정신적 과정

자음 ('ㅏ', 'ㅔ', 'ㅣ', 'ㅗ', 'ㅜ'와 같은 모음과 달리) 'ㅂ', 'ㅋ', 'ㄷ'처럼 소리를 멈추는 기능을 하는 언어음. 영어 알파벳은 자음이 대다수를 차지한다.

윤곽 멜로디에서 높고 낮은음이 오르내리는 모양.

유리드믹스(eurythmics) 음악의 리듬, 멜로디, 형식, 텍스처, 표현 요소 등을 몸동작과 연계하는 체계.

그루브(groove) 규칙적으로 지속되는 비트로, 특히 대중음악에서 두드러지게 나타난다.

운동감각 신체 동작의 특성으로서, 음악 경험과 관련해 적용되었을 때는 새 지식 습득을 돕는다.

멜로디(melody) 노래나 주제를 구성하는 일련의 음정들

송가, 찬가 서정적인 시. 노래로 불리기도 한다.

오스티나토(ostinato) 규칙적으로 반복되는 짧은 리듬 악구 혹은 멜로디 악구.

타악기 드럼 스틱, 드럼, 종과 같이 치거나 흔들어서 소리 내는 악기. 손뼉치기, 손가락 튕기기, 두드리기, 발 구르기와 같은 신체 타악기를 포함한다.

악구 짧은 음악적 아이디어를 가리키는 말로, 호흡으로 나누어지는 경우가 많다.

음정 음의 높고 낮은 정도. 많은 민요와 전통음악은 다섯 개의 음정으로 이루어진다.

라임(rhyme) 'cat(고양이)'과 'hat(모자)'처럼 끝소리가 비슷한 단어들의 관계.

라임이 맞는 2행 시구 'I like my white dog(나는 내 흰 개가 좋다)'와 'We run, jump, and jog(우리는 달리고 점프하고 조깅한다)'처럼, 노래와 시에서 길이가 같으면서 마지막 단어의 끝소리가 비슷한 두 행.

리듬(rhythm) 길고 짧은 여러 소리 단위의 조합.

리듬 표현하기 손뼉치기, 두드리기, 고개 끄덕이기, 걸음 걷기, 발 바꾸어 뛰기, 폴짝 뛰기 등의 행동을 통해 음악적 리듬에 참여하는 것을 말한다.

스윙(swing) 8분의 6박자 리듬을 특징으로 하는 음악 스타일로서 몸을 앞뒤로 흔들거나 고개를 까닥이게 한다.

음절 모음 소리 하나로 구성된 언어 단위. 자음은 있을 수도 있고 없을 수도 있다.(예: 'ㅣ (나)', 'pie(파이)', 'pipe(파이프)')

템포(tempo) 리듬, 멜로디, 노래, 챈트, 음악 작품의 속도

텍스처(texture) 음정과 리듬의 조합. 이 조합을 통해 단일한 멜로디, 혹은 멜로디와 화성, 혹은 여러 리듬이나 멜로디의 동시 연주 등의 형태가 만들어진다.

음색 소리의 근원에 따라 구분되는 음악적 소리의 특징. 예를 들어 바이올린, 피아노, 트럼펫, 플루트, 실로폰, 목소리는 각기 다른 음색을 가지고 있다.

음(tone) 특정 음정과 특징을 지닌 음악적 소리

절(verse) 시나 노래, 혹은 챈트의 한 부분. 보통 4행으로 이루어져 있으며 끝부분이 라임이 되는 경우가 많다.

모음 'ㅏ', 'ㅔ', 'ㅣ', 'ㅗ', 'ㅜ'처럼, 자음과 달리 음을 멈추지 않고 지속하게 해주는 언어음.

어린이를 위한 음악 관련 사이트

인터넷에는 다양한 자료가 있습니다. 다음은 어린이의 음악적 흥미에 도움이 되는 사이트들로, 악기를 소개하고 음악적 경험이나 음악 수업을 제공합니다.

어린이 음악 네트워크(부모와 교사를 위한 음악 교육 관련 링크 제공): www.childrensmusic.org

스핑크스 키즈(어린이를 위한 인터랙티브 음악 게임): www.sphinxkids.org

뮤직 투게더(어린이와 부모를 위한 음악 수업): www.musictogether.com

어린이를 위한 클래식(클래식 음악과 작곡가에 관한 정보와 게임): www.classicsforkids.com

작은 손을 위해(아이들을 위한 악기들): www.forsmallhands.com/music-1/instruments-sound

웨스트 뮤직(책, 음반, 어린이용 악기, 음악 장난감): www.westmusic.com/kids-movement

내가 좋아하는 노래

여러분이 즐겨 부르는 노래의 목록을 만들어보세요.
끝까지 부를 수 있는 노래만 적으세요.

1

2

3

4

5

6

7

8

9

10

워크시트

유아이북스 블로그
(www.uibooks.co.kr)의
'자료 다운로드' 메뉴에서
직접 내려받아 사용하실 수 있습니다.

워크시트 1

멜로디: 위, 아래, 구불구불

다음 선을 보고 노래해보세요. 각 선의 왼쪽 끝에서 시작해 목소리로 선의 궤적을 따라가요.

'인형의 노래(155쪽)' 활동입니다.

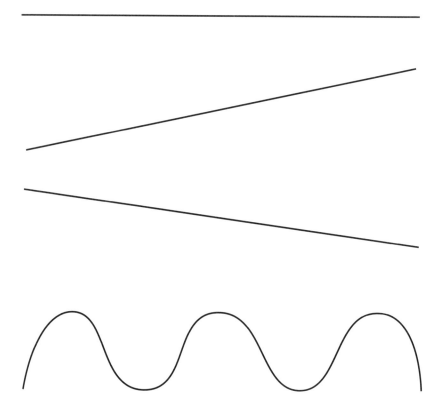

워크시트 2

뮤지컬 인형

얼굴을 오려내어 색칠하고 사탕 막대에 붙여요. 노래하거나 음악을 들으면서 인형을 춤추게 하세요.

'인형의 노래
(155쪽)'
활동입니다.

워크시트 3

리듬을 타며 라임 맞추기

규칙적인 비트로 두드리면서 라임이 되는 단어들을 한 박자에 한 단어씩 말해보세요.

새 단어를 골라 그 단어와 라임이 되는 단어들을 찾아보세요.

라임이 되는 단어로 끝나는 짧은 문장을 만들어보세요.

규칙적인 비트에 맞춰 라임을 맞춘 문장을 읽어보세요.

Pie:	bye	die
Hat:	bat	cat
See:	bee	gee
Mine:	dine	fine
Hot:	cot	dot
Sit:	bit	fit
_____	_____	_____

high	lie	sigh	tie	why
fat	mat	pat	rat	sat
he	me	she	tree	we
line	mine	pine	sign	vine
got	lot	pot	rot	shot
hit	kit	lit	pit	wit
_____	_____	_____	_____	_____
_____	_____	_____	_____	_____

워크시트 4

눈에 보이는 음악

기악을 들어보세요.(목소리도 언어도 없는 음악을 말해요.) 크레용으로 음악을 듣고 떠오르는 다채로운 이미지를 그려보세요. 추상적인 이미지도 괜찮아요. 음악과 '비슷해 보이는' 소용돌이, 색상, 질감을 표현해보세요.

워크시트 5

소리를 나타내는 기호

음표를 오리세요. 빈 종이에 음표를 대고 연필로 가장자리를 따라 그려요. 음표를 색칠하고 잘라낸 후 게시판, 벽, 창문 등에 붙여서 다채롭게 꾸며요.

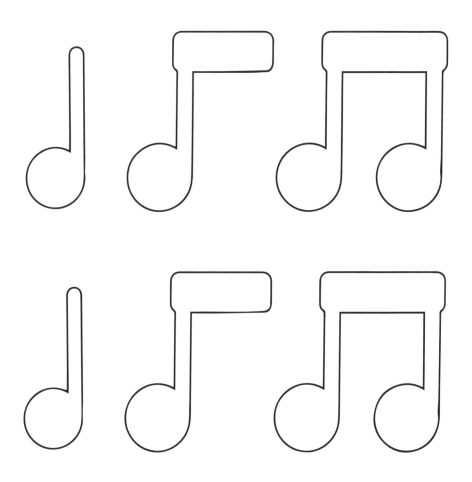

어린이를 위한 음반

다음은 어린이를 위한 클래식 및 재즈 음반의 목록입니다. 식사할 때, 놀이할 때, 목욕할 때, 드라이브할 때, 잠자리에 들기 전 등 언제 어디서나 음악을 감상할 수 있습니다. 이 음반들은 본문에 소개된 활동의 배경 음악으로 사용할 수도 있고, 활동의 주제로 삼아 아이가 음악의 박자, 템포, 멜로디, 각 악기와 목소리의 음색을 탐색해보게 할 수도 있습니다.

아프가니스탄에서 짐바브웨에 이르기까지 세계 여러 나라의 다양한 음악까지 고려하면, 아이들과 함께 들을 수 있는 음악 스타일의 종류에는 끝이 없어요! 여기에 소개된 음악들은 서양 음악과 재즈에 국한되어 있습니다.(재즈 곡목은 《Jazz: The Smithsonian Anthology》에서 발췌했습니다.)

존 애덤스(John Adams): 〈Short Ride in a Fast Machine〉

루이 암스트롱(Louis Armstrong): 〈West End Blues〉

J. S. 바흐(J. S. Bach): 〈브란덴부르크 협주곡 제2번〉

카운트 베이시(Count Basie): 〈One o'Clock Boogie〉

루트비히 판 베토벤(Ludwig van Beethoven): 〈교향곡 제5번〉

존 콜트레인(John Coltrane): 〈Giant Steps〉

에런 코플런드(Aaron Copland): 〈애팔래치아의 봄〉, 〈Rodeo〉

마일스 데이비스(Miles Davis): 〈Summertime〉

클로드 드뷔시(Claude Debussy): 〈어린이 차지〉

듀크 엘링턴(Duke Ellington): 〈Isfahan〉

스탠 게츠(tan Getz)와 아스트루드 지우베르투(Astrud Gilberto): 〈이파네마에서 온 소녀〉

에드바르 그리그(Edvard Grieg): 〈페르귄트 모음곡〉

구스타프 홀스트(Gustav Holst): 〈행성〉

게오르크 프리드리히 헨델(George Friedrich Händel): 〈수상 음악〉

프란츠 요제프 하이든(Franz Joseph Haydn): 〈교향곡 제94번 '놀람'〉

스콧 조플린(Scott Joplin): 〈단풍잎 래그〉

드미트리 카발레프스키(Dmitri Kabalevsky): 〈코미디언〉

졸탄 코다이(Zoltán Kodály): 〈하리 야노스 모음곡〉

마치토(Machito)와 그의 아프로큐반 밴드: 〈Tanga〉

모던 재즈 쿼텟(Modern Jazz Quartet): 〈장고〉

볼프강 아마데우스 모차르트(Wolfgang Amadeus Mozart): 〈'아, 말씀드릴게요, 어머니' 주제에 의한 변주곡〉(작은 별 변주곡)

모데스트 무소르그스키(Modest Mussorgsky): 〈전람회의 그림〉

오스카 피터슨(Oscar Peterson): 〈Old Man River〉

티토 푸엔테(Tito Puente): 〈Airegin〉

니콜라이 림스키-코르사코프(Nikolai Rimsky-Korsakov): 〈왕벌의 비행〉

카미유 생상스(Camille Saint-Saëns): 〈동물의 사육제〉

로베르트 슈만(Robert Schumann): 〈어린이를 위한 앨범〉

이고르 스트라빈스키(Igor Stravinsky): 〈불새〉

표트르 일리치 차이콥스키(Pyotr Ilyich Tchaikovsky): 〈호두까기 인형〉

안토니오 비발디(Antonio Vivaldi): 〈사계〉

웨더 리포트(Weather Report): 〈버드랜드〉

우뇌와 사회정서 발달을 위한

감성 지능을 키우는
몬테소리 음악 놀이

1판 1쇄 인쇄 2023년 4월 5일
1판 1쇄 발행 2023년 4월 10일

지은이 마자 피타믹
옮긴이 이혜주
펴낸이 이윤규

펴낸곳 유아이북스
출판등록 2012년 4월 2일
주소 (우) 04317 서울시 용산구 효창원로 64길 6
전화 (02) 704-2521
팩스 (02) 715-3536
이메일 uibooks@uibooks.co.kr

ISBN 979-11-6322-093-0 03370
값 17,500원